예스 5,

광야의 단비

KB191851

예스 5, 광야의 단비

발행일   2017년 11월 15일

지은이   임 동 훈
펴낸이   손 형 국
펴낸곳   (주)북랩
편집인   선일영   편집   이종무, 권혁신, 오경진, 최예은
디자인   이현수, 김민하, 한수희, 김윤주   제작   박기성, 황동현, 구성우
마케팅   김회란, 박진관, 김한결
출판등록 2004. 12. 1(제2012-000051호)
주소   서울시 금천구 가산디지털 1로 168, 우림라이온스밸리 B동 B113, 114호
홈페이지   www.book.co.kr
전화번호   (02)2026-5777   팩스   (02)2026-5747

ISBN   979-11-5987-845-9 04230(종이책)   979-11-5987-846-6 05230(전자책)
         979-11-5987-557-1 04230(세트)

이 도서의 국립중앙도서관 출판예정도서목록(CIP)은 서지정보유통지원시스템 홈페이지(http://seoji.nl.go.kr)와
국가자료공동목록시스템(http://www.nl.go.kr/kolisnet)에서 이용하실 수 있습니다.
(CIP제어번호 : CIP2017029318)

(주)북랩 성공출판의 파트너

북랩 홈페이지와 패밀리 사이트에서 다양한 출판 솔루션을 만나 보세요!
홈페이지 book.co.kr   자가출판 플랫폼 해피소드 happisode.com
블로그 blog.naver.com/essaybook   원고모집 book@book.co.kr

예스 5,
광야의 단비

임동훈 지음

지금도 우리 삶 속에 살아계시는
하나님의 계시와 영성을 기록한
한 목사의 감동 신앙 간증집

북랩 book Lab

글머리에

이제 예수나라 옴니버스 5번째 여행을 시작하게 되었다. 『예스 5, 광야의 단비』를 통해 풍성한 영성 이야기가 계속 이어진다.

영성(靈性)은 신앙인만이 누릴 수 있는 특권으로서 하나님의 마음으로 사는 것이다. 작은 예수로 살아가는 과정에서 꼭 필요한 요건이요, 성령님의 신령하고 거룩한 성품을 닮아가는 것이다.

오늘날 한국교회는 예수 그리스도의 마음을 왜곡하고 변질시켰다. 기복신앙, 성장주의, 대형교회, 성직매매, 교회세습, 교권난립 등 사탄이 파놓은 물질과 권세의 함정에 여지없이 걸려들었다.

이런 때일수록 우리는 주님과의 관계를 더욱 돈독히 하고, 성령과 악령을 분별하여 보다 신령하게 살아야 한다. 사탄의 달콤한 유혹을 피하기 위해서는 누구나 영성의 바다에서 성령의 파도를 타야만 한다.

그때 비로소 참과 거짓, 정의와 불의, 사랑과 미움, 기쁨과 슬픔, 감사와 불평, 평화와 분쟁, 성장과 퇴보 등이 분명히 드러나게 된다. 하나님의 나라는 성령 안에서 누리는 의와 평화와 기쁨이다.

영성의 바다에서 가장 자주 만나는 친구는 고난이다. 고난을 받아들이는 사람만이 풍성한 영성을 누릴 수 있다. 고난을 자초하는 사람은 어리석지만, 찾아오는 고난을 외면하는 사람은 더욱 어리석다. 우리가 고난을 적대시하는 순간 하나님의 영성은 발붙일 자리를 잃게 된다.

예수나라 옴니버스의 영성은 고난을 받아들인 결과 주어진 하나님의 선물이다. 고난을 통해 자신을 성찰하게 되고, 하나님의 뜻이 어떠하신지 깨닫고 순종하게 되며, 성령님의 인도로 신령한 삶을 누리게 된다.

우리는 하나님의 선하신 뜻에 따라 주어지는 고난을 깊이 이해하고, 날마다 묵상하며, 주님과 함께 낯설고 힘든 그 길을 걸어가야 한다.

우리가 정녕 참 그리스도인으로 살기를 원한다면, 긍휼이 풍성하신 하나님께서 그에 따른 영성을 선물로 허락하실 것이다. 여러분에게 주님의 신령한 은총의 빛이 임하기를 빈다.

건전한 교훈은 복되신 하나님의 영광스러운 복음에 맞아야 합니다. 나는 이 복음을 전할 임무를 맡았습니다. (디모데전서 1. 11)

2017. 9. 24
예수나라 청지기

차 례

찾아보기 / 196

예스 5, 광야의 단비

제21편

갈급한
심령

722. 황금 들판

이른 시간에 깨어 도저히 잠을 이룰 수 없었다. 지금 내 사정과 형편을 생각하니 너무 막막했기 때문이다. 이리저리 뒤척이다 의미 있는 환상을 보았다.

눈앞에 황금 들판이 보였다. 누렇게 익은 곡식의 낟알이 추수꾼의 낫을 기다리고 있었다. 마치 화투의 칠 싸리 열을 보는 듯했다.

알알이 영글어 다소곳이 고개를 숙인 이삭들 사이에, 오동통하고 토실토실하게 살찐 붉은 돼지가 걸려 있었다. (2006. 9. 19)

723. 묵은 밭

이틀 전 밤 9시경, 양평에 있는 기도원으로 들어갔다. 다음날 주일을 맞아 예배를 인도했다. 근 한 달 만이었다. 기도원을 관리하는 할머니 전도사의 부탁이었다.

그리고 그 다음 날 새벽 3시쯤, 잠이 오지를 않아 전등을 들고 밖으로 나가 주변을 둘러보았다. 심심산골에 칠흑 같은 어둠과 적막이 감돌았다. 다시 방으로 돌아가 자리를 깔고 누웠으나 역시 잠을 이룰 수 없었다. 이리저리 뒹굴다가 환상을 보았다.

묵은 밭이 있었다. 가시덩굴을 걷어내고 굳은 땅을 갈아엎었다. 흙을 부드럽게 하였더니 제법 쓸 만한 땅이 되었다. 고랑을 타고 이랑을 만들었다. 가운데로 길을 내는 것도 잊지 않았다.

그때 성령님의 감동으로 성경을 보았더니 로마서 10장 4절이었다.

'믿는 사람을 의롭게 하시려고 그리스도가 율법의 마침이 되셨습니다.'

(2006. 9. 25)

724. 소라

책상을 정리하고 있었다. '옛 본 준수'라는 총괄관이 다가와 한마디 하였다. 그는 모든 직원에게 돌아가며 의례적으로 무엇인가 한 마디씩 물어보았다.

그리고 얼마 후 자리에 돌아가 보니, 다른 사람이 내 의자에 앉아 일하고 있었다. 몇 차례 들락날락하며 비켜주기를 기다렸으나 계속 자리를 지키고 있었다.

그래서 철제 접의자를 끌어다가 그 옆에 앉았다. 그 의자 등받이에 수건이 걸쳐져 있었다. '큰 돈'이라는 사람이 옆에 있다가 말했다.

"정말 오랜만에 와서 앉나 보네."

그때 내 책상 서랍 앞면에 무슨 종이와 비닐이 여러 겹 너덜너덜하게 붙어있었다. 그래서 칼로 말끔히 벗겨내고 다시 자리를 잡고 앉았다.

그 순간 장면이 바뀌었다. 자갈이 깔린 좁은 수로에 물이 흐르고 있었다. 언뜻 보면 모두 자갈로 보였으나 자세히 보니 절반은 소라였다. 그 소라를 잡아 그릇에 담기 시작했다. 그릇이 부족하여 더 담을 수가 없었다. (2006. 9. 30)

725. 위로(1)

갈급한 심령으로 은혜를 구하자 오늘도 어김없이 위로의 말씀을 주셨다. 이사야 30장 18절이었다.

'그러나 여호와께서는 아직도 너희가 돌아오기를 기다리고 계시며, 너희에게 사랑을 베풀려고 하신다. 참으로 여호와는 의로운 분이시다. 너희를 불쌍히 여기실 것이다. 그러므로 여호와를 의지하는 자는 복이 있다.' (2006. 10. 6)

726. 예수원

2박 3일간 태백에 있는 '예수원'에서 은혜와 도전을 받았다. 평소 마음에 두었던 예수나라 공동체의 맥과 정신을 일깨우는 기회가 되었다. (2006. 10. 10)

727. 성경 가방

예수님의 제자라는 사실을 까맣게 잊고 하루하루 살아가고 있었다. 성경 가방을 논둑에 두고 깜빡 잊은 채 세상일에 얽매여 지냈다.

얼마 후 그 사실을 깨닫고 성경 가방을 찾으러 나섰지만, 왠지 신통치 못했다. 거리는 멀지 않았으나 특별한 사유도 없이 지체되었다.

그즈음 내 뒤를 줄곧 따라다니는 친구가 있었다. '영원 순종'이었다. 그는 잠시도 쉬지 않고 열심히 섬기며 돌보는 사역을 감당했다.

그때 또 한 친구를 만났다. '빛의 아들'이었다. 그가 나를 위로하며 곧 다시 일을 시작할 것이라고 하였다. (2006. 10. 15)

728. 연한 풀

'꿀벌'과 '생각의 아들'이 연을 날리고 있었다. '꿀벌'의 연을 내가 넘겨받았더니 하늘 높이 솟구치기 시작했다. 너무 가드막하여 보이지 않았다. 줄이 다 풀렸으나 연은 더 올라갈 기세였다. 줄을 놓지 않으려고 애썼다. 줄이 끊어질까 염려되었다.

한쪽 구석에 쌓아둔 짐을 다시 옮기려고 하였다. 짐을 덮어둔 담요를 걷자 그 안에 염소 새끼 2마리가 들어있어 깜짝 놀랐다. 이틀 동안 물 한 모금 마시지 못한 것으로 보였다. 내 가슴이 미어졌다. 물과 여물을 주려고 서둘렀다.

들판으로 나가 보았다. 이파리 하나만 달랑 달린 연한 풀들이 가득했다. 사방팔방이 온통 그 식물이었다. 끝이 어딘가 싶어 보았으나 한없이 펼쳐져 있었다.

그 작고 연한 풀들이 실바람을 타고 산들산들거렸다. 한동안 바라보고 있었더니 어디선가 새로운 희망이 다가오는 듯했다. (2006. 10. 16)

너는 강하고 담대하게 이 일을 행하라. (역대상 28:20)

729. 의자(1)

경기 북부지방을 거쳐 강원도, 충청북도, 경상북도 산하를 두루 돌아 다니며 살펴보았으나 하나님의 뜻이 있는 곳을 알 수가 없었다.

다만 순회 중에 환상으로 보이기를, '순종하는 자'가 연두색 플라스틱 으로 된 기역 모양의 다리 없는 의자를 들더니, 그 의자에 쌓인 먼지를 닦기 시작했다.

한동안 봉사에 갈급한 심정으로 지낸 나는, 그 일도 괜찮다 싶어 그를 거들어 의자를 닦았더니, 처음에는 별로라고 생각한 일이 나중에는 좋 다는 생각이 들었다.

사람들이 다 떠나고 없는 교육장에 다소 몸집이 있는 여인이 나타나 나를 껴안으며 관심을 보이기에 나도 그녀를 감싸주었다.

그 자매는 교육 중에 잠시 자리를 비웠다가 끝날 즈음 모습을 드러내 보였으며, 코밑과 턱에 수염이 있어 여자다운 면모가 없었다. (2006. 10. 24)

730. 자투리땅

한 자매가 연인과 함께 아이를 데리고 먼 여행을 가기 위해 준비하는 모습이 보였다. 그때 쇼핑백 바닥에 돈뭉치 3개가 있었다.

"이 돈이면 되겠지요?"

하고 자매가 연인에게 묻자, 그가 퉁명스럽게 대답했다.

"되겠지 뭐."

그때 자매가 그 백에 튀김 과자 2봉지를 넣었다. 그들은 이번 여행으로 무엇인가 새로운 일을 모색하려는 듯이 보였으며 다소 들떠 있었다.

자매와 함께 땅을 살펴보고 있었다. 도로에 붙은 길쭉한 상업부지였다. 그 안쪽과 옆으로 넓은 농지도 있었다. 나는 농지에 관심이 있었으나 상업부지도 괜찮다는 생각이 들었다.

그때 넓은 농지도 아니고 비싼 상업부지도 아닌, 뒤쪽 자투리땅에 세워진 교회당과 그 옆에 있는 허름한 외양간, 그리고 조금 떨어진 앞쪽에 텃밭으로 사용하는 작은 채소밭이 보였다. 농지와 상업부지에 비하면 정말 보잘것없는 땅이었다.

그런데 주님은 그 자투리땅에 관심이 있는 듯했다. 그것은 자매의 오빠가 선친으로부터 물려받은 땅이었다. 그래서 그 오빠가 여동생에게 그 일부를 떼어주려고 했다. (2006. 10. 26)

731. 차(2)

사무실에서 일을 마치고 밖으로 나왔다. 차를 세워둔 곳이 기억나지 않았다. 아래쪽 주차장으로 내려가 보았으나 내 차는 없었다.

너무 막연하여 어쩔 줄을 모르고 있을 때, 불현듯 떠오른 생각이 있었다. 평소 사무실 옆에 있는 나무 아래 자주 차를 세웠다는 것이다.

"그래! 나는 항상 그 나무 아래 차를 세웠지. 그런데 까맣게 잊고 여기까지 내려왔구나. 다시 올라가자!"

하면서 서둘러 발길을 돌렸으나 그 어떤 힘에 의해 올라가는 길이 여의치 않았다. 안타까운 마음을 금할 수가 없었다. (2006. 10. 27)

732. 목적지

어딘가 모르지만, 목적지를 향해 걸어가고 있었다. 그런데 무슨 건물 같은, 보이지 않는 장애물에 가로막혀 더 이상 앞으로 나아갈 수 없었다.

어떤 사람을 만나 물어본 후 다른 길로 발길을 돌렸으나, 적어도 이틀 동안은 헤매고 다녔다. (2006. 10. 28)

733. 한(恨)

동그란 정원처럼 보이는 곳을 맴돌고 있었다. 위치에 따라 서너 차례 환경이 바뀌었다. 그때마다 주어지는 은사를 발휘하여 일을 감당했다. 하지만 여전히 내 본연의 사명은 아닌 듯했다.

그리고 지그재그 비탈길을 내려갔다. 그러다가 무슨 사유인지 모르지만, 짐승 같기도 하고 어린아이 같기도 한, 무슨 생물체를 만나 인정사정 없이 때렸다. 그때 '공경술수'가 옆에 있다가 급히 아래쪽으로 내려가면서 말했다.

"왜 때리는데?"

내가 때린 생물체는 '공경술수'의 후손으로 보였다. 하지만 그 말에 아랑곳하지 않고 나는 계속 두들겨 팼다. 무슨 한(恨)이 맺혀 분풀이를 한 듯했다. (2006. 10. 29. 주일)

734. 가금류

언제부터 키웠는지 모르지만, 가금류가 우리 집에 가득했다. 그로 인해 내가 어려움을 겪고 있어 부득불 그들과 전쟁을 하게 되었다.

"이제는 모두 사라졌겠지!"

하고 돌아보면 다시 한 방 가득 채워져 있었다. 그들이 정말 징그러웠다.

"저 달구 새끼들은 발모가지로 무엇이든 파헤쳐 흩어버리는 짐승이 아닌가? 저것들이 우리 집을 차지하고 있는 한, 내 어려움은 계속될지도 몰라!"

하면서 그들을 완전히 없애려고 했지만, 아무리 애써도 내 힘으로는 도저히 불가능하다는 사실을 알았다. 그들은 바람같이 나타났다가 안개처럼 사라지는, 그야말로 신출귀몰한 존재였다.

"저 달구 새끼들을 내 힘으로는 도저히 어쩔 수가 없구나. 이제 포기해야 할까 보다!"

그리고 돌아서면서 보니, 그 달구 새끼들 틈에서 검은 옷을 입은 두어 사람이 태연자약하게 걸어 나오는 모습이 보였다.

어디서 일을 마친 후, 누이들과 함께 집으로 돌아가고 있었다. 손수레에 누이들을 태우고 좁은 산길을 따라 힘겹게 올라가 어느 곳에 이르렀다.

"이제 여기서 헤어져야겠구나. 나는 이 산기슭으로 계속 올라가야 하거든."

"여기까지 왔으니 우리도 함께 올라가겠어요."

"그래, 그러면 그렇게 하렴."

그래서 우리는 다시 산으로 올라가기 시작했다. 누이들이 나보다 조금 앞서 가고, 나는 조금 뒤처져 갔다. 산길이 너무 가파르고 험했다. 거의 90도에 가까워 암벽을 타는 듯했다. 힘겹게 한 발짝씩 발을 옮겼다.

그때 발아래 바위 하나가 흔들거렸다. 고정하려고 살짝 뽑아 밟았더니 아래쪽으로 굴러가기 시작했다. 마치 살아있는 돌처럼 매우 빠른 속도로 내려갔다. 아래쪽에 사람이 있다가 다치지 않을까 조마조마했다.

하지만 그 돌은 사람과 사람 사이, 심지어 집이나 무슨 물체까지 스스로 피하며 맨 아래쪽에 있는 개천 속으로 굴러 들어갔다. 그리고 물속에서 한참 더 구르다가 멈추었다. 그런데 그 돌이 물속에서도 신령한 빛을 발해 멀리서도 선명하게 보였다.

그리고 다시 얼마쯤 지났다. 몇몇 인부들이 돌산에서 일을 하다가 큰 너럭바위를 지렛대로 들어 올리는 모습이 보였다. 그러자 그 바위가 갑자기 아래로 떨어져 굴러가기 시작했다. 그렇게 한참을 내려가던 바위가 우리 집 바로 앞에 멈추었다. 그 바위는 침대처럼 넓고 평편했다.

그 후 나는 차를 몰고 어딘가 가려고 했다. 그때 어떤 사람이 내 차 속에 열쇠 2개를 넣어주었다. 그 열쇠가 어디에 필요한지 몰랐다. 하지만 분명한 사실은, 무엇엔가 해결의 실마리가 된다는 것이었다. (2006. 11. 10)

735. 지도자

어느 학교 교실에서, 사람들이 난로 주변에 모여 웅성거리고 있었다. 어떤 사람이 나를 그들의 지도자로 강하게 추천했다. 그러자 모든 사람이 나를 빤히 쳐다보았다. 내가 즉시 소리쳤다.

"나는 아니야!"

그리고 도망치듯 그곳을 급히 빠져나왔다. 운동장에서도 사람들이 많이 모여 있었다. 그들 앞을 가로질러 가려다가 앞쪽에 여성들이 많은 것을 보고 뒤쪽으로 돌아갔다.

그때 '영원한 교수'라는 사람이 2층 창문을 열고 훈시하기 시작했다.

"12월은 우루과이 라운드(Uruguay Round, 다자간 무역협정)가 있어 오늘이 마지막 조회가 됩니다."

그러자 사람들이 모두 기뻐하며 교실 안으로 들어갔다. 그런데 나를 보니, 나만 홀로 외기둥 위에 올라가 있었다.

"아니, 이게 어찌 된 일이야? 모두 교실 안으로 들어갔는데 나만 홀로 왜 여기 올라와 있는 거야? 어떻게 내려가지? 무슨 방법이 없을까? 에라 모르겠다. 그냥 뛰어내리자!"

그때 기둥이 앞으로 슬며시 고개를 숙였다. 그 기둥을 안고 스르르 내려왔다. 언제 어디서나 우리와 함께하시는 임마누엘 하나님이 생각났다.

(2006. 11. 11)

736. 가운

마치 가짜수염을 붙인 듯, 코 길이에 맞춰 간사스럽게 콧수염을 기른 사람이 가운을 입고 강단 위에 앉아있었다. 그때 오른편 아래 피아노 뒤에서 '다섯 승리' 목사가 설교했다.

사람들은 높고 화려한 강단 위에 앉은 사람이 아니라, 피아노 뒷바닥에 서서 설교하는 '다섯 승리' 목사를 바라보고 있었다.

그런데 설교하던 '다섯 승리' 목사가 가끔 자신이 입고 있는 가운을 뒤집어쓰곤 하였다. 그럴 때마다 흰 가운 속에 붉은 가운이 보였다. 머리 위에도 흰 가운으로 얼굴을 가리고 있었다.

그때 강단 위의 사람을 보니, 그 역시 자기 가운을 머리에 뒤집어쓴 채 얼굴을 가리고 있었다. 흡사 목 없는 처녀 귀신 같았다. 그는 시종일관 그대로 꼿꼿이 앉아있었다.

그리고 얼마의 시간이 지났다. 새벽 미명에 삼각형 하나가 보이더니, 위쪽에 'North(북)'라는 글자가 씌어있었다. 곰곰이 생각해보았으나 그 의미를 알 수가 없었다.

"음, 북 서 동으로 반듯하게 세워진 삼각형으로 안정을 취하긴 하였는데…." (2006. 11. 12. 주일)

737. 빵

예배당 강단 중간쯤에 나와 고수가 나란히 앉아있었다. 왼편에 하수로 보이는 사람도 있었다. 고수가 잠시 자리를 비우자 하수가 빵 5봉지를 가져와 먹기 시작했다. 그때 고수에게 주려고 했는지 한 봉지 반을 따로 떼어 옆에 두었다.

"아니, 저 사람이 나는 쳐다보지도 않고…"

내심으로 기분이 언짢았으나 참았다. 그런데 하수가 옆에 두었던 빵을 들고 2층으로 올라갔다. 2층은 삿갓형의 지붕을 활용한 다락방 기도실로서 가파른 계단이 있었다. 하지만 거기 있는 사람들 중에는 고수가 없었다.

그가 그 빵을 도로 가지고 내려와 다른 하수에게 건네주며 말했다.

"2층에도 없는데 어디를 갔지?"

"그러게요?"

하면서 다른 하수가 여기저기 둘러보다가 소리쳤다.

"여기요!"

그가 가리키는 곳을 보니, 어느새 고수가 내 옆자리에 돌아와 있었다. 그리고 하수가 가지고 있던 빵과 다른 빵을 옆에 두고 막 집어먹으려고 했다. 2인분은 족히 되어 보였다. 그때 그 하수가 말했다.

"이런, 이번에도 서둘렀구나! 기다리지 못하고."

급히 이사를 하고 아직 주소를 옮기지 못했다. 그때 어떤 자매가 와서 말했다.

"102호나 210호로 주소를 옮기면 어떨까요?"

"102호든 210호든 한 건물이니 무슨 상관이 있겠는가?"

그러자 옆에 있던 사람이 말했다.

"건물이 70층입니다." (2006. 11. 14)

738. 시유지

나와 가까운 사람 중에서 하나가 본의 아니게 시유지를 불하받았다. 그런데 불과 얼마 안 되어 1억짜리가 2억이 되었다.

"오, 저 땅을 도로 팔면 내 빚을 갚고 하나님의 일에 전념할 수 있을 텐데."

그때 어머니의 목소리가 들렸다.

"이리 와 보거라!" (2006. 11. 15)

739. 밤

어느 산 중턱 기름진 땅에서 사람들이 밤을 줍고 있었다. 그런데 무슨 까닭인지 나만 홀로 산 아래 척박한 땅에 누워있었다. 밤을 줍고 싶었으나 일어나기도 버거웠다.

내 머리맡에 밤나무가 있었으나 매우 빈약했다. 한 톨의 온전한 밤도

따기 어려웠다. 늦가을이라 마른 잎만 군데군데 남아있었다. 벌써 겨울을 준비한 듯했다.

　얼마 후 산에서 밤을 줍던 사람들이 내려왔다. '영적 돌'이라는 사람이 다가와 나를 일으켜 세우며 말했다.

　"일어나요, 어서! 이것을 여기에다 이렇게 놓으면 되나?"

　그리고 깡통 속에 한 톨의 밤을 넣어 그 나무 아래 두었다.

　"그렇게 한들 밤나무에 밤이 없는데 들어가겠습니까?"

하면서 혹시라도 떨어진 밤이 있는지 주변을 살펴보았다. 그때 산비탈 절벽 위에 여물지 않은 작은 밤송이 몇 개가 보였다. 발로 끌어다 비벼보았으나 떨어진 지 오래된 듯 말라비틀어져 있었다. 알도 작고 벌레까지 먹었다.

　그러나 그런 밤이라도 몇 개 주워야 한다는 생각에 점점 더 가파른 절벽으로 내려갔다. 경사가 너무 심해 거의 90도나 되는 것처럼 느껴졌다.

　깎아 세운 듯 가파른 절벽에서 밤송이를 찾아 발로 비비려고 하였더니, 그나마 절벽 아래로 굴러떨어지기 일쑤였다. 그러다가 나도 절벽에서 미끄러지고 말았다.

　하지만 군데군데 발 디딜 턱이 있어 큰 탈 없이 아래까지 내려가게 되었다. 바닥에 작은 도랑이 있었다. 밤송이가 보여 거기 엎드렸더니 뒤에서 인기척이 났다. 돌아보니 키가 큰 분이 유심히 나를 지켜보고 있었다.

　'돌아온 경배'라는 사람이 방에서 나오며 말했다.

　"믿기지 않겠지만, 내 때가 다된 것 같다. 담배 한 대만 갖다 주거라."

　그리고 부엌으로 들어갔다. 그러자 그의 동생이 옆에 있다가 무슨 영문인지 몰라 어리둥절하여 대답했다.

"아, 예? 예!"

그도 그럴 것이, 그는 어느 누구보다도 건강하여 일꾼들을 감독했을 뿐만 아니라, 평소 담배도 피우지 않았기 때문이다. 그때 갑자기 '주의 사자' 같기도 하고, '주의 종' 같기도 한 분이 나타나 급히 부엌으로 들어가며 말했다.

"그러니까 새벽기도만 열심히 했어도 건강을 잃지 않았을 게 아닌가?"

다행히 그는 아직 숨이 붙어있는 듯했다. 그분의 부축을 받으며 힘겹게 일어나 무엇인가 한마디 하는 것이 들렸다. 그 순간 나는 현실로 돌아와 나 자신을 돌아보게 되었다.

그러니까 지난 8월 말부터 지금까지 새벽기도를 드리지 않았다. 평생 새벽기도를 드리기로 한 약속을 까맣게 잊고 있었던 것이다.

"아, 정말 그랬구나!"

지난 두 달 반 동안 나는 새벽기도를 드리지 않았을 뿐만 아니라, 주님을 향한 믿음마저 식어 가고 있었다.

'그래 맞아! 그러니까 지난 8월까지 새벽예배를 드리면서, 요한복음을 마치고 마가복음을 강해하였어. 그때 약속하기를, 요한복음과 마가복음에 이어서 마태복음과 누가복음, 사도행전 순으로 강해한다고 하였지. 이제부터 다시 새벽예배를 드려야겠다.'

"오, 주여! 저를 용서하여 주소서! 저를 일깨워주시니 감사합니다!"

(2006. 11. 16)

740. 곱살

새벽예배를 드리고 묵상하다가 환상을 보았다. 어느 2층 가교를 지나다 보니, 아래쪽에서 사람들이 패싸움을 벌이고 있었다. 서로 치고받으며 우르르 몰려갔다가 물러나곤 했다.

그들 중에는 양복을 입은 신사들과 승복을 입은 스님들도 있었다. 그때 나이 많고 점잖은 스님이 젊은 승려를 말리는 모습이 보였다. 젊은 승려와 몇몇 사람의 얼굴이 피범벅이었다.

그런데 언제 다가왔는지 제복을 입은 경찰관이 내게 귓속말로 일러주었다.

"여기를 피하시는 게 좋을 듯합니다. '최고 현인'이 제 형입니다."

그러고 보니 '최고 현인'은 내 동창이었다. 그래서 나는 발걸음을 옮기게 되었다. 가교를 지나 계단 아래쪽으로 내려갔다. 그때 내 바지에 막걸리가 떨어져 얼룩진 모습이 보였다. 손으로 비비자 쉽게 지워졌다. 그래도 꺼림칙하여 아예 바지를 벗어 세탁하는 것이 낫겠다는 생각이 들었다.

계단 아래쪽에 구두 닦는 사람이 있었다. 계단에 천을 깔고 일하여 옆으로 피해 내려갔다. 그리고 횡단보도를 건넜다. 그런데 함께 가야 할 친구들과 자동차가 보이지 않았다. 이리저리 살피고 있을 때, 가교 아래 주차장에서 친구 하나가 나오더니 소리를 쳤다.

"곱살 먹을래?"

'삼겹살'은 알고 있었으나 '곱살'은 처음 들어 속으로 생각했다.

'곱살이 뭐지? 나는 국수로 요기를 했는데.' (2006. 11. 17)

741. 원수

원수가 교회를 짓밟고 예배를 방해하여 잠시 피해 있었다. 그러다가 괜찮다는 생각이 들어 본당으로 올라갔다. 하지만 몇몇 사람은 여전히 반신반의하며 뒤에서 주춤거렸다.

그때 나는 보다 강하고 담대한 믿음을 그들에게 심어줄 필요가 있었다. 그래서 그들 앞에서 더욱 당당하게 계단을 올라갔다.

그리고 예배가 끝난 뒤 '돈이 좋아 돈으로 사는 부자'라는 사람의 집으로 갔다. 그곳이 바로 그 악한 원수의 집이었다. 그사이에 원수는 마음의 병이 심하게 들어 아랫방에 처박혀 두문불출한다고 그의 노모가 걱정스럽게 말했다.

하지만 나는 그 원수가 언제 일어나 어떻게 다시 훼방할지 모른다는 생각이 들어 서둘러 그곳을 나오려고 하였다. 그러자 여종도 따라나섰다. 그런데 여종이 내 자전거 뒤에 작은 냄비만 실어주고 돌아가며 말했다.

"나를 임신시키려고 한데요."

조금도 거리낌이 없다는 듯 활짝 웃으며 태연자약하게 말했다. 그리고 다시 그 집으로 들어갔다. 하지만 그와 다시 살 생각은 없는 듯했다. 단지 몇 시간 아니면 하룻밤 정도만 그 원수에게 몸을 맡길 듯했다.

"모르지만 무슨 생각이 있겠지."

하면서 그 집을 나오자 어느덧 해가 져서 어둑어둑하였다. 자전거 라이트를 켜자니 원수가 보고 따라올까 두려웠다. 그래서 자전거를 타지 않고 살살 끌며 가려고 했다. 하지만 두려운 마음은 여전하였다. 조금 전의 강하고 담대한 믿음은 찾아볼 수 없었다.

"그래, 뒷골목은 위험하니 좁은 논둑길로 돌아가자."

그리고 방향을 바꾸었다. 여전히 마음이 편치 않았다. 어디서 원수가 기다리고 있다가 툭 튀어나올 것만 같았다.

"혹시 그 원수가 나타나면 자전거와 함께 언덕 아래로 몸을 날리자. 그렇게 해서라도 원수를 피해야 한다. 죽고 살고는 주님의 손에 달렸지 않느냐?" (2006. 11. 18)

742. 군고구마

새벽예배를 다시 드리기 시작하여 3일째 되었다. 예배 후 벽에 기대앉아 묵상하다가 이불 속으로 비스듬히 들어가 잠이 들었다.

난로 위에 고구마 몇 개를 올려놓고 익기를 기다렸다. 그때 복지시설에 근무하였으나 나도 모르게 곧 퇴직할 것이라고 선언했다.

"내년 2월에 그만둘 것입니다."

그러자 장로님이 옆에 있다가 말했다.

"축하합니다. 무슨 좋은 일이라도 있습니까?"

"아닙니다. 주의 종이기 때문입니다. 주님께서 다시 목회를 허락하시면 해야 하지 않겠습니까? 하지만 그렇지 않으면 그대로 있을 겁니다."

"아, 그래요? 당연히 그래야지요."

그때 내 마음속에서 큰 감동이 일어났다.

"할렐루야! 감사합니다! 주님을 찬양합니다!"

그리고 예배당 뒤쪽에서 강단을 바라보고 있었다. 앞에는 대통령이 앉아 무슨 서류에 서명을 하였으며, 대통령 뒤에 노인 대표로 보이는 할아버지와 할머니 대여섯 명이 앉아있었다. 그 뒤로 많은 노인이 있었다.

그런데 할머니들은 대체로 건강하게 보였으나, 할아버지들은 팔에 깁스를 하거나 팔을 목에 걸고 있는 등 모두 몸이 불편한 모습이었다. 게다가 양쪽에서 부축하지 않으면 거동할 수 없는 노인들도 많았다.

이윽고 대통령의 서명이 끝났다. 모두 조용히 지켜보았다. 대통령 뒤에 있던 노인들이 일제히 일어나 환호했다. 앞에서 이를 지켜보던 사람들도 일어나 만세를 부르며 춤을 덩실덩실 추었다.

이어서 잔치가 베풀어졌다. 봉사자들의 손길이 바쁘게 움직였다. 교자상이 펴지고 철판에 밥이 볶아졌다. 밥 위에 부추로 만든 부침개를 얹어 가위로 썰어놓았다. 마치 영화 속의 한 장면을 보는 듯했다.

그 모습을 보고 나도 시장기를 느꼈다. 밥을 먹으려고 아래쪽으로 내려가 보니, 내 어머니가 밥 푸는 일을 하고 있었다. 하지만 그때 무슨 일로 어머니가 잠시 자리를 비웠다. 그래서 내가 직접 밥을 푸려고 했다.

옆에 놓여있는 접시를 보니 작아서 양에 차지 않았다. 비빔밥을 만들어 먹으려고 사발을 찾아 밥을 담은 후 반찬을 골고루 얹었다. 그때 맛있는 반찬을 직접 조리하여 담아주는 사람이 있었다. 내 남동생이었다.

"이게 무슨 고기지?"

"고기가 아니라 씨앗입니다."

씨앗이라는 반찬은 약간 길쭉하고 네모난 것으로 고기를 다져놓은 듯했다. 그리고 내가 있던 곳으로 갔다. 난로 위에 놓인 고구마가 새까맣게 타들어 가고 있었다.

"아이고, 이 아까운 것을!"

하면서 꺼내 들고 껍질을 벗겨보니, 겉은 숯덩이였으나 속은 타지 않고 노랗게 익어있었다. 살이 토실토실하고 분이 나는 것이 최상의 군고구마

였다. (2006. 11. 19. 주일)

743. 세탁물

어디에 쓰는 것인지 알 수 없었으나, 가죽이 낡아 너덜너덜한 물건을 가위로 다듬고 있었다. 그때 '사탄의 문'이라는 사람이 내 옆을 스쳐 가며 소리쳤다.

"그 모든 것의 원흉은 'CCC'야!"

그 말을 듣고 'CCC'가 '대학생선교회'라는 것인지, 아니면 다른 뜻이 있는지 알 수가 없었다. 그가 내 옆을 지나간 후에도 나는 여전히 낡은 가죽을 다듬고 있었다.

그때 무엇인가 불길한 예감이 들어 돌아보니, 에어컨 실외기에 불이 붙어 녹아내리고 있었다. 또 그 위에 얹힌 재봉틀도 뭉그러지고 있었다.

그 후 나는 어느 곳에서 기도하는 성도들을 돌보고 있었다. 그때 세탁소 주인이 와서 세탁한 옷을 보여주었다. 셔츠와 양복, 외투 등 다섯 가지로 모두 내 옷이었다.

"얼마 드려야지요?"

"12,000원입니다."

"8,500원 아니던가요?"

"오버가 있잖아요."

그러고 보니 언제 맡겼는지 기억은 나지 않았으나, 분명히 오버코트도 내 옷 중의 하나였고, 옷걸이 맨 바깥쪽에 걸려 있었다. 하지만 나는 그 돈이 없었다. 그때 내 누이가 나타나 세탁소 주인을 데리고 서둘러 밖으로 나갔다.

그리고 나는 성도들이 기도하는 처소를 잠시 둘러보고 다시 나왔다. 그때 원수가 트랙터를 몰고 내게 돌진했다. 바퀴가 내 키보다 더 큰 것이 내 코앞에 굴러오고 있었다.

그런데 나는 아무 두려움이 없었다. 기합 소리와 함께 트랙터를 한 손으로 밀어 엎어버렸다. 트랙터 지붕이 내려앉으면서 땅속으로 들어갔다. 그때 옆에 있던 건물 벽이 무너지면서 트랙터가 들어간 곳을 수북이 덮어버렸다.

"그놈의 지긋지긋한 원수가 이제야 완전히 죽었겠지."

하면서 앞으로 걸어 나오고 있었다. 그런데 이게 어찌 된 일인가? 땅속에 묻혔을 원수가 태연자약하게, 그것도 누구나 보란 듯이 다가와 소주병 뚜껑을 보여주었다.

"아니! 네놈이 아직도 죽지 않았던가?"

"내가 이것을 두고 어찌 죽을 수 있단 말인가?"

그 소주병 뚜껑 속에 '은' 자가 씌어있었다. '은' 자는 상품권으로 보였다. '금 은 동'으로 구분되는 듯했다.

"그것으로 소주라도 한 박스 더 준다는 말인가?"

그러자 그는 당치않다는 듯 피식 웃으며 지나갔다. 그때 내 누이가 세탁소 주인에게 돈을 지급하고 내 옷을 받아 나오는 모습이 보였다. 그제야 모든 일이 정리된 듯, 내 마음이 홀가분하고 안정되었다. (2006. 11. 20)

744. 청운의 꿈

여건이 성숙하여 계약을 체결하려고 했으나 믿음이 없었다. 아니나 다를까 결국은 어려움이 찾아왔다. 그 난관은 서너 차례나 이어졌고, 해결의 실마리는 보이지 않았다. 그중에서 기억나는 하나는 어린이 시신이 12구 있었으며, 아무리 애써도 완전히 치워지지 않았다는 것이다.

그 일이 있은 후, 어떤 사람이 내게 오징어 한 축을 주었다. 그리고 다른 사람이 반 축을 더 주었다. 그도 한 축을 받은 것 중에서 그 반을 떼어 내게 다시 준 것으로 보였다.

오징어는 보기에도 좋고 먹음직스러웠지만 여기저기 스테이플러 침이 박혀있었다. 일일이 다 뺄 수가 없어 아예 오징어 일부를 찢어 버려야 했다. 그러면 실제로 먹을 것은 절반도 안 되었다. 그냥 통째로 버려야 할지, 그렇게 해서라도 먹어야 할지 고민이 되었다.

그리고 다소간의 시간이 지나 다시 계약을 하려고 하였으나, 이번에는 큰 새 한 마리가 한쪽 귀퉁이에서 알을 품고 있었다. 어떻게든 계약을 성사시켜야 한다는 생각이 들어 그 새를 잡아들고 배에 '이상 없음'이라고 썼다.

그런데 그 글을 쓰면서 보니, 새가 앉은 둥지 속이 여인의 음부처럼 보였다. 그 속에는 빨간 속살을 드러낸 새끼들, 이제 막 껍질을 깨고 나오는 새끼 12마리가 꿈지락거리고 있었다.

또다시 얼마쯤 지나서 보니, 새끼들 중에서 몇 마리가 어미 새의 보호막을 벗어나 제 갈 길로 가고 있었다. 그 가운데 한 마리는 정신이 나간 듯, 먼 하늘만 쳐다보며 정처 없이 걸어갔다.

어느 집에 들렀더니, '찬양의 아들'이 살 평상에 누워 세월을 보내고 있었다. 그때 거리에는 젊은이들이 활기차게 노는 모습이 보였다.

"아, 그리고 보니 벌써 저들에게 내 자리를 내어주었구나! 불과 얼마 전까지 내가 저기 있었는데."

그리고 발길을 돌릴 때, 한 농아인 소녀가 자기 나름대로 구화를 구사하며 또래들에게 분주히 떠들고 있었다. 하지만 소녀는 자기만의 말을 했다. 그 소녀에게 깊은 연민의 정을 느꼈다. 자신이 하고 싶은 말을 제대로 하지 못하는 냉가슴이 오죽하겠는가 싶었다.

"어쩌면 저 소녀도 나와 같이 속으로 울고 있는지 모르겠구나! 나도 처음으로 소명을 받았을 때 청운의 꿈을 품었었지. 하지만 이제 돌아보니 모든 게 부질없는 일이었어."

주의 종으로 부르심은 받았지만, 그에 걸맞게 살아가지 못하는 내가 너무 민망하고 안쓰러웠다. 내 속사람처럼 보이는 소녀를 끌어안고 한없이 울고 또 울고 싶었다.

그때 고려의 문인 이규보(李奎報, 1168-1241)의 시가 생각났다.

'화소성미청(花笑聲未聽)이요, 조제루난간(鳥啼淚難看)이니라. (꽃은 웃지만 그 소리는 들을 수 없고, 새는 울지만 그 눈물은 보기 어렵네.)' (2006. 11. 22)

745. 폭풍우

은혜롭게 성회를 마친 후 축제의 장이 열렸다. 여기저기 다니며 이 사람 저 사람과 인사를 나누고 테이블에 앉았다. 하지만 무슨 일로 다시 일어나며 옆에 앉은 자매에게 말했다.

"금방 돌아올 테니 이 잔을 그대로 두세요."

그리고 밖으로 나갔다. 갑자기 폭풍우가 몰아친 듯 내가 사는 오두막 집이 파손되어 있었다. 그때 오래전 상전이던 '검은 곰' 계장과 그 수행원이 다가왔다. 이번 성회 때 내 역할이 너무 좋았다고 하면서 나를 치켜세워 주었다.

그들이 내게 큰 열쇠 하나를 주면서 종종걸음으로 지나갔다. 나도 그들을 따라가려고 하였으나 소용이 없다는 사실을 알았다. 그래서 돌아서자 이번에는 '검은 곰'의 상전이던 '흰 곰' 과장이 잠옷 차림으로 다가와 물었다.

"이 일을 보고했느냐?"

"아, 아직요."

그때 '검은 곰'이 피해 현장을 둘러보고 돌아오다가 우리와 마주치게 되었다. 그래서 우리는 '흰 곰'을 따라 다시 현장으로 가게 되었다. 학교 운동장과 넓은 정원이 붙은 텃밭과 그 둑이 유실되어 있었다. 그 옆으로 아직 흉흉한 물길이 넘실거렸다.

그리고 돌아오면서 보니, 도로변에 여러 대의 차량이 늘어 서 있었고, 사람들이 옹기종기 모여 웅성거렸다. 큰 사고가 난 듯했다. 아닌 게 아니라 자동차 3대가 한꺼번에 낭떠러지 아래로 떨어져 있었다. 다른 길은 괜찮은데 오직 거기만 빙판이었던 것이다.

그런데 나도 그 언저리로 다가갔다가 미끄러지고 말았다. 어찌할 방도가 없어 아예 체념했다.

"도저히 피할 길이 없구나! 어떻게 떨어져야 목숨을 건질 수 있을까?"

그때 누가 내 옆에 있다는 사실을 알았다. 마지막으로 그에게 의지하여 도움을 받아보고 싶었다. 그에게 손을 내밀자 즉시 잡아주었다. 흐트러진 내 자세가 금방 가다듬어졌다.

언제 그런 일이 있었느냐는 듯이, 나는 그와 함께 길가에 나란히 서 있었다. 그때 낭떠러지로 떨어졌던 사람들이 차에서 나와 손을 씻고 있었다. 흙탕물을 뒤집어쓴 그대로였다.

그리고 나는 다시 축제의 장으로 돌아갔다. 그사이 축제는 끝나고 아무도 없었다. 단지 내가 그대로 두라고 했던 찻잔만이 나를 기다리고 있었다. (2006. 11. 23)

746. 손(1)

이부자리 속에서 양피지에 기록된 내 이력을 살펴보고 있었다. 그때 한 자매가 내 우편에 있었다. 그 자매가 내 이력을 곁눈으로 보고 안타까워하며 연민의 정을 느꼈다. 그래서 나도 그 자매에게 관심을 가지게 되었다. 어느새 동정의 대상이 된 내 다리가 자매의 배에 얹혀 편안함을 느끼고 있었다.

내 불행한 과거의 이력으로 우리는 더욱 가까워지게 되었다. 자매가 작심한 듯 팔을 뻗어 내 배에 올렸다. 나도 내 손을 내 배로 옮겨 자매의 손을 꼭 잡아주었다. 서로의 정을 표시하려고 했다.

그런데 내 배에 실체 없는 시커먼 손이 이미 머물고 있었다. 게다가 다른 자매가 내 좌편에서 나를 끌어안으려고 했다. 순식간에 뒤엉킨 손들이 내 배에서 전쟁을 벌였다.

먼저 실체 없는 시커먼 손이 떨어져 나갔다. 이어서 두 자매의 손도 물러갔다. 그 순간 놀라운 일이 일어났다. 내 뱃속이 아주 편안하다는 느낌이 들었다. 평소 나는 위(胃) 하수(下垂)로 고생하고 있었다. (2006. 11. 25)

747. 계약(1)

친구 집에 초대를 받아 갔다가 돌아와서 목욕하려고 했다. 그런데 옷을 벗기도 전에 어떤 사람이 들어와 문턱에 앉아 기다렸다. 나가서 기다리라고 소리를 쳤더니 밖으로 나갔다.

목욕을 하고 2건의 계약을 체결하게 되었다. 하나는 토종과의 계약이었고, 다른 하나는 외래종과의 계약이었다. 그런데 토종과의 계약은 이행 여부를 떠나서 쉽게 종료되었으나, 외래종과의 계약은 이행되지 않은 상태에서 계속 지체되었다.

그래서 당사자를 불러 계약을 해지하려고 하였으나 그 또한 마음대로 되지 않았다. 그러던 어느 날 당사자와 계약을 해제하게 되었다. 속이 시원하였다. (2006. 11. 26. 주일)

748. 종(鐘)

한 소녀와 함께 산길을 오르고 있었다. 거의 다 올라가서 돌아보니 장난이 아니었다. 길 상태도 좋지 않았을 뿐만 아니라 거의 90도에 가까웠다. 보기만 해도 아찔했다.

"어휴!"

하고 한숨을 쉬었더니 소녀는 자기 임무가 끝났다고 하면서 돌아가려고 했다.

"가기는 왜? 끝까지 함께 가요!"

그리고 소녀와 함께 다시 길을 나섰다. 또 오르막길이 나타났다. 하지만 소녀와 함께 이런저런 얘기를 나누며 걷자 큰 어려움을 느끼지 않았다.

그런데 평지에 이르자 소녀가 또 떠나려고 했다. 그래서 또 만류했다. 그러자 소녀는 스스로 물거품이 되어 메마르고 척박한 땅으로 스르르 스며들었다. 대체 이게 어찌 된 일이란 말인가? 너무 허망하여 어쩔 줄을 몰랐다.

얼마 후 정신을 가다듬고 다시 길을 나섰다. 역시 오르막길이었다. 하지만 길의 상태도 나쁘지 않고 여러 사람이 오가는 넓은 길이었다. 경사도 완만했다.

그때 나는 큰 저울을 들고 있었다. 어쩌다가 펜스 밖으로 떨어뜨렸다. 다행히 펜스 밖에도 길이 있었다. 마침 고물상 아저씨가 지나가고 있기에 부탁했다. 펜스가 사람의 두 키 정도는 되었다. 그가 먼저 저울을 들고 펜스로 올라가 건네주었다. 이어서 저울추를 들고 올라가 던져주었다.

그런데 추가 땅에 떨어져 멈추지 않고 아래쪽으로 굴러가기 시작했다. 그 추에 누가 맞기라도 하면 즉사할지 모르는 일이었다. 조마조마하게 지켜보았다. 점점 가속을 붙이며 빨리 굴러갔다.

추는 약간 원뿔형이었다. 오른쪽으로 비스듬히 굴러가다가 벽에 부딪혀 멈추는 듯했다. 하지만 벽으로 올라갔다가 내려와 다시 구르기 시작했다. 그리고 오른쪽 옹벽으로 올라가 한 바퀴 빙그레 돌더니, 길을 가로지르며 구르다가 겨우 멈췄다.

그때 추가 구르면서 주변에 있던 여러 물건을 부수었다. 그리고 추에 직접 맞지는 않았으나, 부서진 파편에 한 청년이 다쳤다. 크게 다쳤는지 일어나지 못한 채 고통스럽게 신음하고 있었다.

그래서 급히 아래쪽으로 내려갔다. 그런데 도중에서 그 청년을 만났다. 그는 고통이 심해 잠시 일어나지 못했으나 이젠 괜찮다고 했다. 그러면서 다리를 약간 절룩거렸다.

"이봐요, 청년! 그러지 말고 병원으로 갑시다. 정밀진단을 받아봐야 압니다!"

그러나 그 청년은 극구 사양하며 손사래를 쳤다.

"천만에요! 아닙니다. 아니에요, 정말 괜찮아요!"

그래서 나는 미심쩍었지만 그대로 청년을 보내게 되었다. 그리고 가던 길을 계속 갔다. 얼마쯤 가다가 보니, 저만큼에서 다친 사람과 함께 있던 청년들이 나를 불렀다.

그래서 그들을 따라갔더니 병원이었다. 다친 청년은 치료를 받은 후 벤치에 앉아 있었고, 다른 청년들은 그 옆에 서 있었다.

그런데 그들이 군복을 입고 있었다. 다친 청년도 막대기 두 개짜리 모자를 쓰고 얼룩무늬 제복을 입었다. 그들은 휴가를 나왔다가 복귀하는 중이었다. 잠시 후 의사가 와서 말했다.

"청년의 상태를 살펴본 결과, 상당 기간 치료가 필요할 것으로 판단되어 오시라고 했습니다."

"아, 그래요! 당연히 그렇게 하서야죠."

그러자 그들 중에서 선임으로 보이는 병사가 나를 바라보며 말했다.

"선생님처럼 인자하고 너그러우신 분은 처음 보았습니다. 저는 아무리 노력해도 안 되더라고요."

하면서 머리를 긁적이며 겸연쩍어했다. 그러자 다친 청년도 자신이 오히려 미안한 듯 머리를 만졌다. 그때 나는 속으로 말했다.

'자네들은 모르겠지. 내가 주의 종이라는 사실을.'

그리고 얼마 후, 나는 어느 야영장에 도착하여 결산을 보았다. 결론은 내가 빚을 졌다는 것이다. 이자를 합쳐 10,000원을 훌쩍 넘어섰다. 하지만 어쩔 도리가 없었다. 빚을 갚을 능력이 없어 그대로 받아들일 수밖에 없었다.

그때 평소 잘 아는 자매가 나타나 이자를 탕감하여 주었다. 그러자 내 빚은 5,000원으로 줄어들었다. 나는 원금까지 다 탕감하여 주었으면 하는 생각이 들었다. 내심 그렇게 기대하고 있었지만, 그 일은 일어나지 않았다.

그리고 나는 여러 가지 짐을 정리하였다. 그때 포장도 뜯지 않은 것이 있었다. 그냥 쓰레기통에 버릴까 하다가 뜯어보니 작은 종(鐘)이었다. 손잡이를 눌러 보니 예배드릴 때 강대상에서 치는 소리가 들렸다. 그래서 버리지 않고 따로 챙겼더니, 옆에서 지켜보던 누이가 물었다.

"앞으로 예배드릴 때 그 종을 치실 거예요?"

"글쎄다. 그래야겠지!" (2006. 11. 27)

749. 승부수

　오랫동안 빚으로 어려움을 겪다가 모든 역량을 동원하여 부동산에 투자했다. 나름대로 승부수를 띄웠다. 이래도 어렵고 저래도 어려워서, 무엇인가 한 번 모험을 해볼 필요가 있다고 생각했다.

　그런데 투자할 물건도 모르고 소재지도 몰라 스스로 찾을 수 없었다. 더욱이 무슨 사당 같은 것이 있어 귀신이 사는 곳처럼 보였다.

　아무튼, 계약금과 중도금을 지급한 후 어정쩡한 상태로 잔금을 미루고 있었다. 아예 포기할까 생각도 했지만, 여전히 어려움이 지속된 바, 이판사판으로 있는 돈, 없는 돈 다 긁어모아 잔금을 지급했다.

　그러자 무엇인가 풀릴 듯 말 듯, 그런 느낌이 있어 애간장을 태웠다. 하지만 유감스럽게도 모든 것이 헛방이었다. 얼마의 세월이 흐른 뒤, 내가 투자한 것이 출세를 미끼로 이용한 고도의 수법이라는 사실을 알고 크게 실망했다.

　그리고 나는 더욱 무거운 짐을 지고 어느 산길을 오르고 있었다. 양쪽의 나무들은 곧게 뻗어 하늘 높이 솟구쳐 있었다. 축 늘어진 모습으로 터덜터덜 걷다가 보니, 통나무를 엮어 아슬아슬하게 만들어놓은 구름다리가 있었다.

　그때 내 머리 위에 한 사람이, 등에 두 사람이 타고 있어 깜짝 놀랐다. 더욱이 그들도 각자의 짐을 지고 있었다. 그런 내 모습을 보니 정말 엎친 데 덮친 꼴이었다.

　그렇게 얼마를 더 가다가 보니, 등에 업힌 사람이 자꾸 밑으로 미끄러졌다. 내가 힘든 것도 있었지만 매달린 사람이 더 지친 듯했다. 그래서 조금만 더 바짝 잡으라고 다그쳤다. 하지만 그는 더 이상 힘이 없었다.

치켜 올리면 내려가고 올리면 내려가기를 반복했다.

다리에 장애가 있는 인간이, 하나도 아닌 세 사람을, 그것도 짐까지 지고 있는 자들을, 게다가 그들이 자꾸 미끄러져 늘어지니 정말 미칠 지경이었다.

"이제 떨어져도 더 이상 붙잡지 않을 거야!"

참다못해 이렇게 소리쳤다. 그러면서 떨어지면 떨어지라고 하면서 힘들게 붙잡고 있던 손을 놓아버렸다. 그러자 그가 허리까지 쭉 미끄러져 내려왔다. 그를 보니 '용기'라는 친구였다.

그가 내 엉덩이 밑으로 내려가면서 땅에 떨어질 것 같았다. 그제야 위기의식을 느낀 듯, 그가 내 허리를 꼭 잡고 매달렸다.

그리고 우리는 어느 야영장에 도착했다. 사무실로 보이는 곳에서 '세상 과업'이라는 장로와 이런저런 얘기를 나누었다. 그때 그가 답답한 듯 어딘가 전화를 걸더니 말했다.

"이제 막 밖에 도착했답니다!"

그래서 밖으로 나가보니, 과연 대형버스가 도착하여 내 동창들이 내리고 있었다. 이리저리 다니며 친구들과 일일이 악수를 나누며 인사했다.

그리고 마지막으로 '복 나눔'이라는 친구를 만났다. 다른 친구들의 눈은 아랑곳하지 않고, 우리는 서로 포옹하고 입을 맞추며 반가워했다. 어디 한적한 곳이 없는가 싶어 살펴보다가 야외 취사장으로 들어갔다. 바닥이 너무 질퍽했다.

"여기는 환경이 안 좋아. 다른 데로 가자."

하면서 우리는 취사장 뒤편 산기슭으로 올라갔다. 마침 벤치가 있었다. 거기 앉아 더욱 깊은 포옹을 했다. 그때 노란 옷을 입은 아이들이 떼를 지어 산으로 올라오는 모습이 보였다. 그들을 보고서야 비로소 나는 한숨 돌리며 말했다.

"이제야 모두 다 도착했는가 보네!" (2006. 11. 28)

750. 계시

전화벨이 울려서 받으니 끊겼다. 이어서 느닷없이 온 메시지가 있었다.

'병신 새끼!'

발신번호는 똑같았다. 큰 충격을 받고 가슴이 두근거렸다. 속도 매스꺼웠다. 잠시 후 안정이 되었다. 주님이 말씀하시는 듯했다.

"이제라도 너 자신을 돌아보라는 뜻이 아니냐?"

"아, 그리고 보니 과연 그렇구나! 병신보고 병신이라 한 것이 무슨 대수란 말인가? 사실 나는 언제부턴가 나 자신이 병신이라는 사실을 잊고 있었다. 병신이 병신답게 사는 것도 하나님의 은혜일진대, 내 어찌 분수를 지키지 못했단 말인가?

오, 주여! 이 부족한 자를 일깨워주시니 감사합니다. 지금보다 더 낮고 겸손하게 살라는 주님의 계시(啓示)이니, 이 얼마나 큰 은혜입니까?" (2006. 11. 29)

예스 5, 광야의 단비

제22편

요한의
노래

751. 역사(役事)

"올해도 벌써 열한 달을 보내고 마지막 달이 되었습니다. 이 한 달 동안에 주님의 크고 놀라운 역사(役事)를 보게 하시니 감사합니다.

모든 해(害)로부터 보호하여 주시고, 모든 문젯거리를 해결하여 주시며, 모든 고통으로부터 벗어나게 하시고, 모든 아픔을 치유하여 주시며, 모든 빚을 청산시켜 주십니다. 아멘." (2006. 12. 1)

752. 로고

'예수나라 공동체'를 구상하다가 잠을 설쳤다. 늦은 아침이 되어 잠이 드는 둥 마는 둥 하다가 잠시 환상을 보았다. 한 계단 한 계단씩 모두 세 계단을 오르고 있었다.

"여기, 주민등록번호를 기재하세요!"

자매의 주문에 따라 주민등록번호를 쓰고 보니 아무래도 이상했다.

'561909'

실제 출생연도만 맞았다. 내 주민등록번호 앞자리와 거리가 멀었다.

"오류 일구 영구? 그러고 보니 '한번 구원은 영원한 구원'이란 말이구나! 내가 할 일을 구했더니 영원한 구원을 주셨구나!"

그리고 '예수나라 공동체'의 로고를 만들기 시작했다. 예수의 '수' 자는 'ㅅ'을 대체하여 Christ를 뜻하는 그리스어 머리글자 'X'로 하고, 'ㅜ'를 대체하여 Jesus의 두문자 'J'로 한다.

'나' 자는 십자가의 '十'와 십자가 왼쪽 어깨에 '나'라는 영문자 'I'를 써서 만든다. '예' 자와 '라' 자는 보기 쉽고 편한 글자로 하되, 가운데 '수' 자와 '나' 자도 바깥쪽의 '예' 자와 '라' 자와 동일한 글자체로 돋보이게 한다.

글자색은 녹색으로 하되 약간 돋보이게 쓴다. 'X'와 'J'와 'I'와 '十'는 '수' 자와 '나' 자 뒤에 그림자 체로 넣되, 특히 '十'는 붉은 색으로 크게 살린다.

'十' 아래쪽에 'Jesus Nation Community'를 쓰고, 전체를 엷은 하늘색 타원형 지구로 감싸되, 대한민국을 두드러지게 한다. (2006. 12. 2)

753. 쌀밥과 쌀떡

어느 산을 오르다 보니 높은 성벽이 앞을 가로막고 있었다. 무슨 흰 가루로 기초를 놓은 후, 그 위에 흰 가마니를 3겹 올려 한 줄을 만들었다. 그렇게 3번 쌓아올린 성벽이었다.

그런데 맨 아래 흰 가루로 만든 기초가 하중을 이기지 못하고 반 이상 땅 아래로 내려앉아 있었다. 이상하다 싶어 가까이 가서 보니, 흰 가루는 흰 쌀밥이고 흰 가마니는 흰 쌀떡이었다. 떡 한 개가 한 가마니만큼 컸다. (2006. 12. 3. 주일)

754. 연체

국민카드를 연체한 지 3개월이 되자 LG카드도 사용이 중단되었다. 교회당 보증금도 후임자의 차용증을 받긴 하였으나 연락이 없었다. 오늘까지 카드대금을 갚지 않으면 강제집행에 들어간다는 최후통첩을 받았다.

어제에 이어 오늘도 잠을 이루지 못하는 밤이 되었다. 거의 뜬눈으로 밤을 꼬박 새웠다. 어제 새벽에 신용회복지원이 떠올랐다. 지난날 개인회생을 신청하려고 준비하다가 그만둔 적이 있었다.

이번에도 하나님의 뜻을 몰라 잠시 주춤거렸으나 다른 방도가 없었다. 그래서 신용회복지원 신청서를 작성하다가 자리에 들었다. 그리고 꿈을 꾸었다.

외국인 강사의 지도에 따라 영어를 공부하고 있었다. 그때 하나의 질문이 던져졌고, 그것을 맞추는 사람에게 큰 상급이 주어졌다.

'드보라(Deborah)'는 원래 뜻 외에 다른 뜻이 있는바, 그걸 맞추라는 것이었다. 텍스트북을 보니 '드보라' 왼쪽에 '23'이라는 작은 숫자가 있고, 위쪽에 '꿀벌'이라는 글씨가 역시 작게 씌어있었다. 그러나 아무도 대답하는 사람이 없었다.

그때 공부를 가장 잘하는 모범생이 손을 번쩍 들더니 이렇게 말했다.

"23이요!"

그게 정답이었고 강사의 칭찬과 아울러 상급이 주어졌다. 그런데 그의 책상 위에 사전이 펼쳐져 있었다. 그는 강사의 질문을 받고 즉시 사전을 찾아 답했으나, 다른 사람들은 그런 지혜가 없었던 것이다. 또 텍스트북에 그 답이 씌어있었다.

그리고 밖으로 나가보니, 자동차 한 대가 겨우 지나갈 정도의 좁은 길 건너편에, 산전수전 다 겪은 듯이 보이는 파리한 노인이 서 있었다. 자동차가 온다는 말을 듣고, 그가 한 맺힌 신음소리를 내며 배로 기어 길을 건너기 시작했다.

　그 노인을 보니, 손과 발 그리고 입까지 꽁꽁 묶여있었다. 하지만 노인은 사력을 다해 꿈틀거리며 길을 건넜다. 사람들은 모두 숨을 죽이고 지켜보았다.

　그런데 노인이 길을 다 건너지 못한 채 의식을 잃고 말았다. 응급 의료진이 달려가 노인의 얼굴에 난 상처 딱지를 조심스럽게 뜯어내고 있었다.

　비교적 상처가 큰 것으로 보이는 눈 아래 딱지를 뜯어내다가 그들이 순간적으로 덮어버렸다. 이미 노인의 눈동자가 흐려졌기 때문이다. 옆에서 그 모습을 지켜보고 있던 나는, 어쩌면 그 노인이 나와 같다는 생각이 들었다. 너무 불쌍하고 안타까웠다.

　그리고 얼마의 시간이 지났다. 어느 익숙한 강단에서 여종 2명이 무엇인가 열심히 하다가 마무리하지 않은 채 서둘러 내려오는 모습이 보였다.

　무슨 바쁜 일이 있으려니 생각하고, 내가 즉시 팔을 뻗어 축복기도를 드렸다. 그리고 예배를 마무리했다. 그때 나는 이불 속에 누워 있다가 실제로 이불 밖으로 팔을 뻗어 축사했다.

　이어서 또 그 환상이 보였다. 다시 밖으로 나가보니, 여종들이 지붕 위에서 열심히 일하고 있었다. 헌 지붕을 뜯어내고 새 지붕으로 갈아 덮는 작업이었다. (2006. 12. 4)

755. 복 줄 나무

어느 한적한 곳으로 이사를 했다. 아버지가 마당 옆에 화단을 만들고 나무를 심으며 말했다.

"우리 집에 복 줄 것으로 생각되어 이 나무를 심었다."

그 화단을 보니 약 1m 높이로 테두리를 만들고, 그 가운데 일렬로 개나리를 심었다. 우편에는 소나무도 군데군데 심겨져 있었다.

그래서 나와 동생은 괭이를 들고 화단으로 올라가 나무 앞의 흙을 고르게 펴기 시작했다. 그런데 화단 바닥이 마치 고무 얼음처럼 스르르 내려갔다. 자주 발을 옮겨놓지 않으면 속으로 빨려 들어갈 것 같았다. 가까스로 중심을 잡으며 흙을 폈다.

그때 한쪽 구석에 바위가 있어 들어냈더니, 거기 큰 구멍이 있었다. 바위가 그 구멍 속으로 밀려 떨어졌다. 아버지가 화단 아래쪽에 있다가 바위를 들어 다시 그 구멍에 걸쳐놓았다.

그런데 얼마 후, 땅이 꺼지는 소리가 나더니 그 구멍 일대가 통째로 무너져 내렸다. 그래서 그 바위를 다시 들어내고 흙을 긁어내게 되었다.

그곳의 흙을 치우고 보니, 그 속에 각목으로 네모 반듯하게 짠 틀이 있었다. 판자때기 하나만 있으면 막아질 듯했다. 그래서 아버지가 거기 얹을 판자를 구하러 갔다.

그때 짐을 실은 포터 한 대가 화단 앞에 도착했다. 나는 약간 아래쪽 비탈진 곳에 서 있었다. 그런데 차가 멈추지 않고 아래로 슬금슬금 굴러 내려왔다.

그래서 거기 있던 사람들이 힘을 합쳐 차를 세웠다. 다행히 바퀴가 멈춘 곳에 절구통 같은 구멍이 있어 안전하게 세워졌다. 차가 고정되어 움

직일 염려가 없었다. 바닥은 콘크리트로 잘 포장돼 있었다. (2006. 12. 5)

756. 기운

어린아이 하나가 아무 말 없이 내 밥상머리 앞에 꼿꼿이 앉아있었다. 그 모습이 애처로워 머리를 쓰다듬어 주었더니 그제야 밥을 조금 먹기 시작했다. 그런데 수저가 아닌 손가락으로 쌀밥 두세 톨을 집어먹었다. 그러다가 차츰 그 숫자를 늘려가며 먹더니 생기를 되찾았다.

그때 내 영안이 열리고 영계가 보였다. 흐늘흐늘한 흰옷을 입은 두 귀신이 그 아이 옆에 도사리고 있다가, 옷매무시를 가다듬더니 이렇게 한 마디하고 떠나갔다.

"이제 기운을 차리니 더 이상 머물러 있을 수 없구나!"

그때 강원도 영월과 경상도 어느 한 곳이 보였다. 거기 집도 한 채 있고 바로 옆에 널찍한 창고도 있었다. 개조하면 훌륭한 교회당이 될 듯했다. (2006. 12. 6)

757. 개나리

예수나라를 꿈꾸다가 환상을 보았다. 예수마을을 찾아 여기저기 다녀보았으나 아직 하나님의 때가 아닌 듯, 우리 여건에 맞는 곳을 찾을 수가 없었다.

어느 날 산간계곡을 따라 쭉 훑어 내려가고 있었다. 역시 만족할만한 장소가 보이지 않았다. 그런데 산을 거의 다 내려가 한곳에 이르자, 노란 개나리꽃이 살랑살랑 우리를 맞아주었다. 순간 개나리꽃의 이미지가 주마등처럼 뇌리를 스치며 지나갔다.

'개나리는 열악한 곳에서도 잘 사는 강인한 생명력을 가지고 있다. 사방팔방으로 뻗어내려 주변의 땅을 탄탄하게 붙잡아주는 뿌리, 매섭게 휘몰아치는 눈보라를 맞으면서도 끝까지 참고 견디며 때를 기다리는 꽃망울, 봄이 오면 어느 꽃보다도 먼저 몽우리를 터뜨려 승리를 알려주는 꽃송이, 온 세상을 노랗게 물들이다가도 어느 날 조용히 사라지는 꽃잎, 메마른 땅에서도 어김없이 솟아나는 부드러운 새싹, 몸은 연약하지만, 결코 굽히지 않는 줄기와 부드러운 가지, 묵묵히 온몸을 덮어주는 헌신적 이파리가 있다.

그리고 뭇 나무들처럼 높아지려고도 하지 않고, 굵어지려고도 하지 않으며, 뽐내려고도 하지 않는 소박하고 겸손한 나무다. 항상 낮은 자세를 견지하며, 작고 조용한 바람에도 기꺼이 순응하는 나무다. 게다가 그 이름조차 존귀하지 않은 개나리다.'

이렇듯 의미 깊은 개나리가, 승리를 상징하는 골든 벨의 노란 옷으로 차려입고, 솔솔 불어오는 봄바람에 자기 몸을 의지한 채 예수나라의 심벌로 조용히 다가왔다.

그 옛날 개나리꽃이 만발한 초등학교 울타리 밑에서 소꿉놀이하던 때가 생각났다. 봄마다 어김없이 부화하여 어미 닭을 졸졸 따라다니던 노란 병아리도 눈앞에 아른거렸다.

그리고 어느 집에 들렀더니 2층에서 함께 생활하는 작은 공동체가 있었다. 마침 주인이 공동체를 섬길 사람을 찾고 있었다. 그 앞에 나와 '민첩한 수순'이 서 있었다. 주인의 설명을 듣고 나는 이런 생각을 했다.

'나는 아직 준비가 덜 되지 않았는가?'

그때 주인이 '민첩한 수순'에게 그 공동체를 위임한다고 하였다. 그러자 '민첩한 수순'은 즉시 감사함으로 받아들였다. 나는 내 우유부단과 무능력으로 인해 아쉬움이 컸지만, 어쩔 수 없이 발길을 돌렸다.

그리고 얼마의 시간이 지나서 그 공동체를 다시 찾았다. 공동체 운영을 위임받은 '민첩한 수순'이 나와 반겨주었다. 그리고 내게 말했다.

"보세요! 이제 더 이상 선택의 여지가 없습니다. 모두 다 기다리고 있습니다!"

'민첩한 수순'은 내가 그 공동체를 맡아야 한다는 사실을 기정사실화했다. 조금도 생각할 여지를 주지 않았다. 모든 가족이 나만 바라보고 마지막 희망을 거는 듯했다.

그때 내 옆에 '거룩한 지킴이'와 '보배로운 돌봄이'가 서 있었다. 언제 어디서나 나와 함께하기 위해 굳게 다짐하고 기다리는 듯했다. (2006. 12. 7)

758. 뿔

속초에서 하룻밤을 잤다. 동해에 있는 국유건물을 답사하기 위해서였다. 공동체 시설로 사용할 수 있을지 매우 궁금했다. 그런데 잠이 오지를 않았다. 새벽녘에 꿈을 꾸고 답사를 포기했다.

'다섯 승리' 목사님이 칠판에다 3번의 서명을 하는 모습이 보였다. 먼저 '은혜의 거울'이라 쓰고 서명했다. 그때 내가 말했다.

"목사님의 서명을 보니 학창시절부터 사용하신 것 같습니다."

"글쎄?"

그리고 돌아서며 보니, 4cm 내지 5cm쯤 되는 머리에 네모나고 넓적한 얼굴이 보였다. 그런데 그의 이마 왼쪽 모서리에 반질반질한 흰 바둑돌이 하나 붙어있었다.

이상하여 다시 보니 이게 어찌 된 일인가? 그게 뿔이었다. 삐죽삐죽 솟아난 머리털 사이로 뿔이 쑥쑥 자라나고 있었다. 몸서리치듯 징그러웠다.

그것은 흡사 송아지 뿔 같았다. 그런데 자세히 보니 아래쪽은 견고했으나 위쪽은 연약했다. 마치 물주머니처럼 물렁물렁했다. 어찌 보면 연한 순과 같았다.

그때 나는 앞뒤 살펴볼 겨를도 없이 그 뿔의 꼭지 부분을 짓이겨 버렸다. 꽈리 터지듯 툭 하고 터지며 물이 찍 나왔다. 그리고 아예 통째로 뽑아내려고 했다. 하지만 뾰족한 방법이 없었다.

뿔을 뽑으려다 골까지 뽑아 생명을 죽이지나 않을까 염려되었다. 더욱이 그 짐승 같은 사람이 바로 나 자신처럼 느껴져 더욱 난처했다.

이 꿈을 꾸고 나서 주님의 때를 기다리지 않고 조급히 행동한 데 대해 회개하게 되었다. 아직 준비되지 않은 상태에서 서둘러 일을 벌인다는 생각이 들었다.

더욱이 하나님의 뜻이 어떠하신지 여쭤보지도 않고, 내 생각이 하나님의 뜻인 양 착각했다는 사실도 알았다. 그래서 답사를 포기하고 발걸음을 돌렸다. (2006. 12. 10. 주일)

759. 통장

새벽예배를 드리고 묵상하다가 이런저런 환상을 보았다. 그중에서 영감 받은 하나는, 통장을 엄격히 구분해서 사용한 것이었다. 선교와 구제, 그리고 공동체 생활비였다.

그때 5명 정도가 함께하는 작은 공동체가 있었다. 연로하신 내 어머니가 어느 누구보다도 더 헌신적인 일꾼이었다. 그러다가 어느 정도 공동체가 안정되자 어머니는 떠나신다고 했다.

승용차에 몇 사람을 태우고 어디를 가다가 보니, 자동차 하체를 수리하기 위해 파놓은 구덩이가 있었다. 그래서 자동차는 자연히 구덩이 양쪽 둑을 타고 가게 되었다.

그런데 얼마쯤 가자 길이 막히고 구덩이도 끝났다. 그야말로 막다른 골목이었다. 차를 후진시킬 수밖에 없었다. 그때 순간적으로 막힌 길이 열리고 구덩이도 보이지 않았다.

그래서 잠시 여유가 생겨 통장을 보았더니 50억 단위의 거금이 들어있었다.

"우와, 50억!"

그러자 50억 뒤에 숫자 '0'이 3개 더 붙어 5조가 되었다.

"아니, 5조?"

이것이 무엇을 의미하는지, 무슨 상징인지 아무리 생각해도 알 수가 없었다. 주님만이 아실 일이지만, 너무 큰 숫자에 적잖이 놀랐다.

그때 나는 예수나라 공동체의 한 마을을 세우고, 거기서 글이나 쓰면서 조용히 살았으면 좋겠다고 생각하였다. (2006. 12. 11)

760. 새 살

새벽예배를 드리고 묵상하다가 오래전에 다친 다리를 보았다. 수술 부위에 큰 구멍이 뚫어져 있었다. 그 속을 들여다보니 온갖 쓰레기가 달라붙어 있었다.

"어휴, 저것들을 어떻게 긁어내지? 진공청소기를 넣어 빨아내야 할까?"

그때 그 쓰레기가 하나둘씩 사라지면서 새 살로 채워지는 모습이 보였다. 하지만 돋아나는 새 살은 바닥에 깔린 정도로 미미했다. 모든 공간을 채우자면 상당한 시간이 걸릴 듯했다. (2006. 12. 12)

761. 해고

우리 집안을 돌보던 청지기가 오랫동안 돌아오지 않아 '경배'라는 청년을 새로 채용했다. 그런데 얼마 후 청지기가 돌아왔다. 그러자 가족들이 '경배'를 내보내려고 했다.

남동생이 방에 있다가 마당으로 나오며 나를 힐끗 보더니 한마디 하고 가족들에게 갔다.

"당연히 내보내야지요."

그러자 처음에는 가만히 있던 '경배'가 발끈하고 나섰다. 그가 벽 뒤에 숨어 있다가 앞으로 나오며 나를 힐끗 보더니 말했다.

"세상에 이런 법이 어디 있습니까? 필요해 불러서 일을 시킬 때는 언제이고, 이제 와서 마음대로 나가라니요? 정 그렇다면 그에 따른 합당한 보상을 해주셔야죠."

그때 나는 벽 바깥에 있었으며, 전후 사정을 감안하여 '경배'의 주장이 옳다고 여겼다. (2006. 12. 13)

762. 정의 도래

신용회복위원회에 개인회생을 신청했더니 빚 독촉이 일시에 사라졌다. 며칠이 지나자 이미 짐을 다 벗은 듯 홀가분했다. 그런데 불과 얼마 전의 어려운 일을 잊고 다시 느슨해지기 시작했다. 나의 건재함을 보이려고 사람들의 눈치를 살폈던 것이다.

무슨 일인지 모르지만, 몇 사람에 의해 군중들이 밀려나가는 모습이 보였다. 마치 시위하는 사람들이 경찰에 의해 쫓겨나는 듯했다.

그러자 그 자리에 나만 홀로 남았다. 외톨이가 싫어 힐끗힐끗 눈치를 살피며 앞으로 나아갔다. 그때 나를 보니 비록 초라하기는 하였으나 양복을 입고 있었다. 사람들 보기에 민망스러웠다.

얼마 후 나는 '정의 도래'를 붙잡고 산으로 올라갔다. 그는 내 앞에서 짐을 한 짐 지고 있었으나 전혀 힘들어하지 않았다. 오히려 나를 위로하며 다정다감하게 이야기까지 해주었다.

그렇게 얼마쯤 가서 우리는 어느 분지에 이르렀다. 거기서 어떤 사람을 만났다. 그리고 간단한 설명과 함께 내가 그에게 인계되었다. (2006. 12. 14)

763. 설교자

이래저래 어수선한 꿈을 꾸었다. 어느 모임에 참석했으나 집회소를 찾는 것이 그리 쉽지 않았다. 무리와 함께 입장하여 뒤쪽에 자리를 잡았다. 그때 강단에서 우렁찬 목소리가 들려왔다.

"오래간만이오!"

강단을 보니 난쟁이 목사님이 서 있었다. 그가 나를 보고 소리쳤던 것이다. 그는 특별히 초청받아 온 설교자로 보였다. 그때 옆에서 시중들던, 그를 초청한 것으로 보이는 목사님이 그의 귀에 대고 무엇이라 일러주었다.

그리고 강단에 의자를 하나 갖다 놓았다. 그 위에 난쟁이 목사님이 올라섰다. 의자 높이나 사람의 키나 엇비슷했다. 그때 그는 더욱 작아 보였다. 마치 너덧 살 먹은 어린애 같았다. (2006. 12. 15)

764. 잠바

오랫동안 팔지 않겠다는 땅을 살 수 있게 되었다는 연락을 받고 기다렸다. 그 땅은 공동체 인프라를 구축할 수 있는 최소한의 부지였고, 원주인에게 지급할 돈은 189만 원쯤 되었다.

그것은 브로커가 미리 사두었던 땅으로 중개인이 요구할 금액이 얼마나 될지 궁금했다. 그럼에도 내가 그 땅을 사야 한다는 사실에 대해서는 의심의 여지가 없었다.

그때 나는 어느 폭포 앞의 한적한 집에 있었다. 옷을 벗고 누워서 쉬고 있다가 서둘러 챙겨 입었다. 그런데 잠바를 보니 중개인의 옷이었다. 그때까지 나는 중개인의 잠바를 입고 있었다.

얼마 후 중개인이 와서 그 잠바를 돌려달라고 했다. 그래서 벗어주었더니 주머니 속에서 두 꾸러미의 열쇠를 꺼내 확인하였다. 하나는 중개인의 것이고, 다른 하나는 땅 주인의 것이었다. (2006. 12. 16)

765. 수문

어느 곳에 저수지가 있었다. 물은 그리 많지 않았으나 어딘가 새고 있었다. 육안으로 찾기가 어려웠다. 그래서 짐작되는 서너 곳에 수문을 만들려고 했다.

얼마 후 3개의 수문을 만들었다. 그런데 마지막 4번째 수문을 만들 널빤지와 각목이 없었다. 그때 지게 하나를 발견했다. 지게를 분해하면 수문을 만들 수 있을 것으로 여겨졌다. 그래서 평소 알고 있던 목공의 집을 향해 나섰다.

지게를 지고 가는 도중에 '영원 환영'이라는 목공의 친척을 만났다. 그가 어린아이와 함께 걸어오고 있었다. 그도 역시 내가 아는 사람이었다. 그래서 그와 함께 그 목공의 집으로 갔다.

하지만 목공이 보이지 않았다. 그러자 '영원 환영'이 직접 지게를 분해하여 수문을 만들기 시작했다. 다행히 그도 목공에 소질이 있는 사람이었다.

그때 옆에 있던 아이가 널빤지에 쓸데없는 대패질을 자꾸 했다. 그러자 그가 처음에는 모른 척하다가 나중에 나무랐다. 그대로 계속 두면 널빤지를 못 쓰게 되었기 때문이다.

그러자 아이는 대패를 놓고 자리에서 일어났다. 널빤지를 보니 대패질한 자리가 다소 들어가 있었다. (2006. 12. 17. 주일)

766. 웅대한 봉

어디서 조용히 쉬고 싶다는 생각이 들었다. '웅대한 봉'이라는 사람으로부터 괜찮은 곳이 있다는 말을 듣고 그를 따라나섰다.

에스컬레이터를 타고 내려가다가 계단으로 걸어갔다. 그리고 보도블록을 지났다. 보도블록 가운데 무덤이 하나 있었다. 그것을 보고 지하는 싫다고 했다.

그러자 그가 지상 같은 지하이니 좋은 점이 많다고 했다. 무슨 말이냐고 물었더니, 지하에 세워진 20층짜리 건물로서, 지하가 19층이고 지상이 1층이며, 우리는 지상으로 드러난 1층을 보러 간다고 했다.

얼마 후 우리는 지하로 내려가 엘리베이터를 타려고 했다. 그런데 엘리베이터는 없고 팔뚝만한 파이프 몇 개만 있었다. 그래서 각자 파이프를 하나씩 잡고 위로 올라가기 시작했다.

우리는 이런저런 얘기를 나누며 여유롭게 위로 올라갔다. 그가 한눈을 팔다가 가끔 미끄러지곤 했지만, 그때마다 내가 옆에서 붙잡아 주었

다. (2006. 12. 18)

767. 재테크

'주님의 뜻이라면…'

하면서 최저가로 입찰한 울진 임야가 단독으로 낙찰되었다. 농림지역에 공익용이었으나 공동체를 설립하는데 기반이 될 것으로 여겨졌다. 하지만 막상 낙찰을 받고 보니 잔금과 등기비용 등이 걱정되었다.

사실 땅은 하나님의 소유로 우리는 임차인이다. 하나님의 뜻에 따라 사용하다가 되돌려드려야 한다. 이 소신에는 예나 지금이나 변함이 없다.

그동안 나는 재테크로 숱하게 땅을 사고팔았다. 하지만 이 땅만은 하나님께서 기뻐하시는 선한 일에 쓰이기를 사모하며 잠자리에 들었다.

꿈에서도 땅을 보러 갔다. 위에서 아래까지 마치 전원주택 단지처럼 조성된 곳에, 비록 낡고 허술하기는 하였으나, 작은 집들이 옹기종기 모여 있었다. 그런데 그 마을 안으로 들어가 보니 무연이나 유연으로 추정되는 분묘가 많았다.

그 자리에 본관과 부속건물의 설계도가 보였다. 분묘가 있는 맨 아래쪽에 남성의 숙소가, 다음으로 여성의 숙소가, 그다음으로 다용도실이, 맨 위쪽에 예배당이 배치되어 있었다. 그 방들은 모두 같은 크기의 정사각형이고, 건물 전체의 구조는 직사각형이었다.

오후에 서울 중개인으로부터 전화가 왔다. 멈칫멈칫하다가 땅을 샀다고 일러주었다. 잔금도 잔금이었으나 그다음이 더욱 불안하였기 때문이다. 그때 어느 누구의 말대로, 내 믿음이 부족한 탓인지 모른다는 생각이 들었다. (2006. 12. 21)

768. 혼란

새벽기도를 마치고 누워서 묵상하다가 이런저런 환상을 보았다. 그 가운데 마지막은 이렇다. 자동차를 몰고 어디를 가다가 보니 길에 장애물이 있었다.

"아니, 어찌 이런 일이?"

하면서 차를 멈추었다. 오른쪽으로 비켜갈까, 왼쪽으로 돌아갈까 망설이다가, 옆에 쌓인 장애물을 밟고 왼쪽으로 들어섰다.

그때 나는 계속 앞으로 나아가야 할지, 잠시 뒤로 물러나야 할지 몰라 다시 우물쭈물하였다. 그러다가 뒤로 물러나 오른쪽으로 들어가려고 후진을 했다.

그런데 백미러로 보니 내 차 바로 뒤에 대형 승용차가 다가와 있었다. 더 이상 후진할 수 없다고 생각되어 핸들을 오른쪽으로 급히 돌려 다시 앞으로 나아갔다. 하지만 어찌 된 일인지 차가 왼쪽으로 들어섰다.

"아니, 이게 어찌 된 일이야?"

하면서 차를 멈추었다. 그때 내 뒤에 있던 차가 앞으로 추월하여 좌회전을 했다. 길 복판에 놓인 장애물과 장애물 사이에 차가 지나갈 정도의 공간이 있었던 것이다.

그리고 보니 좌회전하는 차들이 그 사이로 들어가 지나갔다. 장애물이 아니라 조형물이었다. 내가 몰라서 스스로 혼란을 자초했던 것이다.

"그래, 그대로 직진하여 저 차를 따라가면 되겠어!"

하면서 그 차를 따라갔다. 길 주변에 사람들이 오가고 있었다. 그들은 흰색에 가까운 갈색, 곧 베이지색 원피스를 입고 머리에 수건을 쓰고 있었다. 그들은 모두 순례자로 보였으며, 주님을 맞으러 나가는 신부 같았다.

'선한 바위' 교회에서 주일예배를 드렸다. 저녁에 어린이들이 펼치는 성탄 전야제를 보았다. 17년 전의 어린 '꿀벌'을 다시 보는 듯했다. 그들이 모두 내 아이 같다는 생각이 들었다. (2006. 12. 24. 주일)

769. 광야의 싹

성탄절을 맞아 다른 날보다 조금 일찍 일어나 새벽예배를 드렸다. 그리고 늘 하던 대로 벽 모서리에 베개를 세우고 비스듬히 기대어 눈을 감았다.

그러자 즉시 황폐하고 쓸쓸한 광야가 나타났다. 모래와 바위가 끝없이 이어진 광야에 스산한 바람까지 불어 을씨년스러운 분위기를 자아냈다.

모래바람만 휘몰아치는 황량한 들판에서, 나는 소가 되어 메마른 풀을 뜯어 먹기 시작했다. 한입 가득히 물고 씹기 시작했으나 하나도 씹히지 않았다. 아무리 씹어도 물 한 방울 나오지 않는 깡마른 풀이었다.

모든 풀이 바늘처럼 딱딱하고 톱날처럼 날카로웠다. 아무리 씹고 또 씹어도 씹히지 않아 결국은 뱉어냈다. 입에 넣을 때의 모습 그대로였다.

얼마의 시간이 지났는지 다시 척박한 광야가 보였다. 그때 살랑살랑

불어오는 실바람을 타고 광야에 싹이 돋아나기 시작했다. 그렇게 자라난 싹이 금방 온 광야를 연푸른 세상으로 바꾸어놓았다.

그리고 군데군데 제법 많이 자라난 싹도 보였다. 마치 조가 쑥쑥 자라나는 듯했다. 오랜만에 보는 연두색 광야였다. 그런데 대부분의 싹들이 땅에 납작 엎드린 자세를 취하고 있었다. 동그란 잎을 가진 그 풀들은 풍성함도 없고 아름다움도 없었다. 하지만 생명력은 아주 강하게 보였다.

그럼에도 광야의 갈증은 계속되었다. 가끔 바람이 불 때면 희뿌연 먼지가 날리곤 했다. 조금이라도 비가 내려주었으면 하는 마음이 간절했다. 인내를 가지고 지켜보았지만 비는 내리지 않았다.

광야의 싹들은 그 고난을 이미 다 알고 있다는 듯이, 불어오는 산들바람에 자기 운명을 맡기고 한들거렸다. 그 어떤 상황이 닥쳐도 기꺼이 받아들일 준비를 하고 있었다.

그때 나는 광야의 싹들에 놀라운 비밀이 있음을 발견했다. 하나하나를 볼 때는 보잘것없고 연약하게 보였지만, 집단적으로 볼 때 그 어떤 난관도 능히 극복할 힘이 있었던 것이다.

언뜻 보면 하나의 연약한 싹으로 보였지만, 보이지 않는 땅속에서 모든 뿌리가 거미줄처럼 서로 얽히고설켜 단단히 연결되어 있었다. 마치 어릴 때 보았던 토끼풀 줄기 같았다.

그렇게 땅속에서 네트워크를 구축한 광야의 싹들은, 그 어떤 악조건 속에서도 말라죽거나 시들어진 모습을 보이지 않았다. 겉으로는 각자 독립하여 따로 자라는 듯이 보였지만, 그 생명의 근원은 한 덩어리였던 것이다. 마치 우리가 구상하는 '예수나라 공동체'를 보는 듯했다. (2006. 12. 25)

770. 찬송가 연주

그리고 얼마의 시간이 지났는지 또 다른 환상이 보였다. 무슨 연유로 한동안 사무실에 나가지 않았다. 그러다 나가보니 모든 직원이 청소하느라 분주했다. 사무실 청소와 각자의 책상과 캐비닛을 정리하고 있었다. 내 책상 옆에는 폐지와 쓰레기가 수북이 쌓여있었다.

그때 '이기자' 자매와 돕는 자매가 다가와 일러주었다. 내가 자리를 비운 사이 대대적 감사가 있을 것이라는 통보를 받고, 지금 그 준비를 하느라 모두 바쁘다고 했다. 먼저 감사를 받은 곳에 의하면, 이번 감사가 특히 청결을 주안점으로 본다고 했다.

나는 그동안 못 본 직원과 인사도 하고 사무실 분위기를 파악하기 위해 우선 한 바퀴 쭉 돌아보았다. 그리고 책임자의 책상과 의자 사이를 지나 그 앞에 있는 내 자리로 갔다.

그때 뒤에서 누가 뭐라고 하여 돌아보니, '선한 공경'이 자기 책상을 정리하다가 말했다.

"나는 눈에 띄지도 않는 모양이지? 어째서 아는 척도 하지 않는 거야?"

"아니, 저 양반이 또다시 저리로 왔네!"

'선한 공경'은 과장으로서 나와 함께 이미 두 차례나 근무한 적이 있었다. 그런데 내가 사무실을 비운 사이, 그러니까 불과 며칠 전에 이곳으로 다시 부임하였던 것이다. 하지만 이번에는 계장이었다.

그래서 나는 아무리 바빠도 잠시 시간을 내어 따로 인사를 드려야겠다고 생각했다. 하지만 결국은 그렇게 하지를 못했다. 여전히 내 옆에는 '이기자' 자매와 돕는 자매가 있었고, 그들과 함께 무슨 일을 하다가 깜빡 잊어버렸기 때문이다.

'이기자' 자매와 돕는 자매는 이미 자기네 일을 마치고 사무실 일과 다른 사람의 일을 도와주고 있었다. 그제야 나는 내 책상 서랍을 정리하기 시작했다. 서랍 속의 잡동사니를 꺼내 옆에 쌓인 쓰레기더미에 던졌더니 어떤 사람이 와서 치워주었다.

그리고 맨 아래쪽에 남은 서랍을 열고 청소하기 시작했다. 아예 서랍을 빼서 털어버렸으면 하는 생각이 들었다. 서랍이라기보다 쓰레기통에 가까웠기 때문이다.

그런데 보면 볼수록 서랍이 너무 크고 넓어 아예 그 속으로 들어가 하나하나 살펴보기로 했다. 그때 '이기자' 자매와 돕는 자매도 나를 따라 그 서랍 안으로 들어와 도와주었다.

쓰레기 속을 뒤지다 보니 오래된 바이올린과 앰프 기타가 나왔다. 지퍼를 밀어 가죽 커버를 열어보니, 명품인지 아닌지는 알 수 없었지만, 반들반들한 황금색 바이올린이 나왔다. 상태도 새것 그대로였다. 케이스에 먼지만 뽀얗게 쌓여있었다. 그것이 언제부터 내 서랍 속에 있었는지 나도 알 수 없었다.

그때 '이기자' 자매가 바이올린을 꺼내 들더니 진지하게 연주하기 시작했다. 들릴 듯 말 듯 조용하게 찬송가를 불렀다. 오랜만에 들어보는 정말 아름다운 선율이 잔잔히 울려 퍼지기 시작했다. 자세히 들어보니 찬송가 544장이었다. 너무나 은혜로웠다.

"잠시 세상에 내가 살면서 항상 찬송 부르다가
날이 저물어 오라 하시면 영광중에 나아가리.
열린 천국 문, 내가 들어가 세상 짐을 내려놓고

빛난 면류관 받아 쓰고서 주와 함께 다스리리.

눈물 골짜기 더듬으면서 나의 갈 길 다 간 후에
주의 품 안에 내가 안기어 영원토록 살리로다.
열린 천국 문, 내가 들어가 세상 짐을 내려놓고
빛난 면류관 받아 쓰고서 주와 함께 다스리리."

찬송가 연주가 한참 동안 이어졌다. 그때 모든 사람이 일손을 멈추고,
그 자리에 서서 눈을 감고 머리를 흔들며 감상했다.

그리고 서랍 속의 위쪽 구석으로 올라가 보니, 하얀 어미 토끼가 새끼
2마리를 데리고 있었다. 그런데 새끼 한 마리의 모습이 이상했다. 꼬리
가 새처럼 깃털이 나 있었으며 위로 솟구쳐 있었다.

하지만 다행스럽게도, 그 새끼 토끼가 자신의 외모에 아랑곳하지 않고
활기찬 모습으로 살아가고 있었다. 처음에는 불쌍하다는 생각이 들었지
만, 떳떳하게 살아가는 모습을 보고 안심이 되었다. (2006. 12. 25)

771. 성탄절

이윽고 동녘이 밝았다. 자리에서 일어나 빈 광야로 나갔다. 늘 하던 대
로 동녘을 바라보며 운동을 했다. 이는 지난 2000년 늦가을, 도봉산에
올라가 기도할 때 처음으로 시작했다. 국민체조에 머리부터 발끝까지 관
절을 풀어주는 운동을 가미한 것이다.

먼저 동녘 하늘을 향해 적당한 곳에 자리를 잡는다. 운동을 하다가 여명을 맞이할 때도 있고, 떠오르는 태양을 영접할 때도 있다. 어느 때는 태양이 활짝 웃으며 나를 반겨줄 때도 있다.

우선 왼 다리를 앞으로 쭉 내밀고 오른 다리는 뒤로 쭉 뻗은 후, 10번 정도 구푸리고 펴는 운동을 한다. 그때 무릎을 구푸릴 때마다 양팔을 활짝 폈다가, 일어날 때 오므리며 발가락을 세웠다가 내리는 운동도 한다.

이어서 양 무릎에 양쪽 손바닥을 얹고 어설프게나마 무릎을 구푸렸다가 펴면서 무릎운동을 한다. 이때 "하나 둘 셋 넷! 둘 둘 셋 넷!" 하면서 마치 곡조에 맞추듯 10번쯤 한다. 이는 국민체조에서 따온 것이다.

그리고 다리를 어깨 간격보다 조금 더 넓게 벌리고 허리를 굽혀 양손을 땅에 쭉쭉 내리다가, 일어나 양 손바닥으로 허리를 잡고 뒤로 한껏 젖히는 허리운동을 한다. 이어서 양 손아귀로 허리를 잡고 좌우로 젖히다가, 양 손등을 허리에 대고 왼편과 오른편으로 번갈아가며 돌린다.

또 허리를 왼편으로 굽히면서 오른팔을 오므려 겨드랑이까지 2번 정도 끌어올린다. 이렇게 양쪽으로 번갈아 옆구리 운동을 한다. 이어서 양팔을 쫙쫙 벌리면서 뒤로 두세 번 정도 한껏 젖힌다. 이때 어깨 관절에서 우두둑우두둑 하는 소리가 나기도 한다.

그리고 두 팔을 앞으로 나란히 뻗어 좌우로 힘껏 뿌리며 펴기도 하고 구푸리기도 하면서 팔운동을 한다. 이어서 팔에 힘을 완전히 빼고 온몸을 좌우로 흔들면서 손가락과 팔목, 팔꿈치, 어깨 등의 관절을 풀어준다.

팔은 관절이 많아 비교적 많은 운동을 한다. 나는 성장기 때 다리를 다쳐 하체보다 상체가 큰 가분수 체형이다. 팔도 유달리 길어 원숭이 같다.

또 입을 한껏 벌렸다가 오므리면서 턱과 안면운동을 한다. 입을 벌림과 동시에 머리를 뒤로 젖혔다가 다시 앞으로 숙이며 입을 다문다. 그때 머리를 좌우로 돌리는 목운동도 아울러 한다. 이때도 목덜미에서 우두둑거리는 소리가 난다.

그리고 그 자리에서 뜀뛰기 운동을 하면서 노래를 부르기 시작한다.

> "할렐루야 아멘, 할렐루야 아멘, 승리를 얻었네.
>
> 할렐루야 아멘, 할렐루야 아멘, 승리를 얻었네.
>
> 성령 충만으로 뜨겁게, 말씀 충만으로 새롭게!
>
> 은사 충만으로 능력 받아 주의 일 하리라.
>
> 주의 일 하리라. 아멘!"

이렇게 2번 정도 노래를 부른 후 다리를 약간 벌리고 그 자리에 선다. 그리고 하늘을 우러러 손뼉을 치면서 동시에 "아멘!"을 크게 3번쯤 외치며 목소리 운동까지 한다.

이어서 머리를 번쩍 들고 하늘을 우러러보며, 두 팔을 활짝 벌리고 '야베스(Jabez, 괴로움)의 기도'를 드린다.

> "Oh, that you would bless me,
>
> and enlarge my territory!
>
> Let your hand be with me,
>
> and keep me from harm,
>
> so that I will be free from pain!
>
> (내게 복을 더해주시고,
>
> 내 영토를 넓혀주십시오!
>
> 주님의 손으로 도와주시고,

불행으로부터 나를 지켜주시며,

고통에서 벗어나 자유롭게 해주십시오!)"

그리고 내 기도를 한다.

"You have freed me from my chains!

you have freed me from my debt!

you have freed me from my troubles!

Amen

(저를 사슬에서 풀어주소서!

빚에서 벗어나게 하여주소서!

어려움에서 빠져나오게 해주소서!

아멘.)"

이어서 다시 한 번 기도를 드린다.

"오, 주 예수여! 내 하나님이시여!

오늘도 참으로 좋은 날 주셨습니다.

이제부터 오늘의 일과를 시작합니다.

마치는 시간까지 함께하여 주십시오!"

마지막으로 양손을 아랫배에 대고 복식호흡을 하면서 숨쉬기 운동을
한다. 다시 하늘을 우러러보고 마음껏 박수 치며 감사기도를 드린다. 이
렇게 손바닥 운동까지 모두 마친다. 그때 온몸이 가뿐해지고 영혼이 산

뜻해진다.

그런데 오늘은 난생처음 보는 황홀한 광경이 눈앞에 나타났다. 운동을 마치고 돌아설 때, 그리 멀지 않은 저만큼 앞쪽의 앙상한 나뭇가지 사이에서, 붉은 불꽃이 타오르고 있었다.

그 불꽃이 점점 더 커지더니 마침내 한 아름이나 되는 불 쟁반이 되었다. 그러다가 태양이 솟아올랐다. 이제까지 그렇게 크고 붉은 태양은 처음 보았다. 피조물 중에서 가장 뜨거운 것이 더욱 붉게 타는 모습으로 다가왔다. (2006. 12. 25)

772. 출입사무소

이것저것 닥치는 대로 열심히 일하며 살았다. 그러다가 잠시 내 인생 뒤안길을 돌아보게 되었다.

"그래, 이건 정말 아니야!"

그리고 좀 더 보람된 일을 하려고 출입사무소를 찾아갔다. 간단한 수속을 마치고 옆에 있는 건물로 들어가 서둘러 계단을 오르기 시작했다.

그런데 계단을 올라갈수록 여러 가지 장애물이 나타났다. 잠시 쉴 방이라도 있을까 하여 주변을 살펴보았으나 없었다. 끝까지 다 올라가 보았으나 어디에도 없었다. 옥상으로 올라가는 길도 없었고, 다시 내려가는 길만 보였다. 허망하기 짝이 없었다.

"아차, 내가 길을 잘못 들었구나!"

서둘러 내려가려고 하였더니 낡은 줄사다리 하나가 걸쳐져 있었다. 그리고 군데군데 장애물까지 있어 내려가기가 심히 어려워 보였다.

아닌 게 아니라 내려가면서 보니 사다리가 점점 가팔라졌고, 중간에는 아예 안쪽으로 휘어져 있었다. 마치 서커스단의 줄다리처럼 보였다. 하지만 머뭇거릴 여유가 없었다.

"이제 어쩔 도리가 없잖은가? 눈을 뜨고 내 방법으로 내려가기는 어려우니, 생사를 주님께 맡기고 아예 눈을 감고 내려가자! 그것이 내가 할 수 있는 유일한 길이야. 그래, 모든 것을 주님께 맡기자!"

하면서 눈을 감고 사다리를 잡고 내려가기 시작했다.

"그래, 바로 아래가 푸른 초장이야! 무엇이 두려워?"

이렇게 암시를 하며 내려가기 시작했다. 처음에는 여러 장애물이 나를 방해하는 것처럼 느껴졌으나, 나아갈수록 점점 수월해지는 느낌이 들었다.

얼마 후 발이 땅에 닿았음을 느꼈다. 눈을 떠보니 바로 앞에 비상문이 있었다. 그 문을 열자 에스컬레이터가 보였다. 생각할 겨를 없이 무조건 올라탔다.

그런데 올라갈수록 에스컬레이터 폭이 좁아지고 있었다. 급기야 손바닥 하나도 지나가기 어려워 보였다. 게다가 그 좁은 통로에 철판까지 가로막혀 있었다.

"그래, 아무리 그래도 나는 빠져나갈 수 있어! 옆으로 몸을 바짝 붙이고 눈을 감고 그대로 지나가는 거야!"

그러자 아무 일이 없었다. 털끝 하나 닿는 느낌도 없었다. 그때 에스컬레이터는 굽이굽이 돌아 마지막 코스를 올라가고 있었다. 그런데 갑자기 속력이 빨라지더니 몸을 가눌 수가 없었다.

"그래, 이것이 마지막 고비라는 증거야. 이제 거의 다 올라왔어!"

그 순간 에스컬레이터는 보이지 않고 나는 어느 현관문 앞에 서 있었다. 그때 '완전한 영생'이라는 사람이 다가왔다. 그에게 물어보았다.

"천국으로 가려는데 어디로 가야지요?"

"바로 옆에 있는 역으로 들어가면 돼요!"

그때 그는 천국을 무슨 잔칫집으로 생각하는 듯했다. 나는 어떤 조직이 있는 나라나 도시로 생각했다가 고개를 갸우뚱했다.

하지만 나는 그 말에 개의치 않았다. 어떻게든 천국으로 가야 한다는 생각뿐이었다. 그래서 현관 왼편에 있는 역 안으로 서둘러 들어갔다. 길 양쪽으로 이런저런 물건을 파는 아주머니들이 즐비하게 앉아있었다.

그들을 보는 순간 내 눈이 침침하다는 사실을 깨달았다. 그래서 잠시 나를 살펴보았다. 너무 서두르다가 출입사무소에 안경을 두고 나왔던 것이다.

그런 눈으로 천국을 제대로 볼 수 없다는 생각이 들었다. 안경을 찾아오려고 뒤돌아보니 내가 나온 현관 바로 우측에 출입사무소가 있었다.

즉시 안경을 찾아 쓰고 보니 '세상의 문'이라는 사람이 그의 친구 하나와 역으로 다가왔다. 그는 원래 불신자였지만 새사람이 되려고 스스로 군에 입대한 사람이었다. 그가 얼룩무늬 제복을 입고 당당하게 걸어오고 있었다. (2006. 12. 26)

773. 검정고무신

나지막한 산에 상수리나무가 스산한 바람을 타고 우수수 소리를 내고 있었다. 산 아래쪽 기슭에는 작은 수로도 보였다. 물이 흐르고 있어 가 보았더니 물이 아니었다. 안개와 연기가 내 코앞까지 다가와 사라졌다.

"그래, 언젠가는 물이 흐를 거야. 반드시 흘러넘칠 때가 있을 거야!"

하면서 계속 지켜보았으나 현실은 냉랭하기만 했다. 그나마 흐르던 안개마저 사라지고 바싹 마른 수로 바닥이 드러났다. 말라비틀어지고 똘똘 말린 상수리나무 잎만이 때그락때그락 소리를 내며 나뒹굴었다.

처마 끝에 걸어놓은 치마에 불이 붙어 타고 있었다. 치마는 폴리에스터 같은 합성섬유로 보였는데 불똥이 조청처럼 뚝뚝 떨어졌다. 그때 나는 불을 꺼볼 엄두를 내지 못했다. 아예 다 타고 사라지기를 기다렸다.

그런데 불타는 치마 밑에 내 검정고무신이 있었다. 떨어지는 불똥에 의해 내 고무신에 불이 붙었다. 고무신 코 아래쪽 바닥에 불이 붙어 지글지글 타면서 오므라들더니 마침내 구멍이 뚫어졌다.

"그래, 내 고무신에 붙은 불은 꺼야 해! 열기가 식기 전에 잡아당겨서 저 구멍을 메워야 해!"

하면서 시도했으나 불길이 거세지며 구멍은 점점 커져만 갔고, 구멍을 메울 끈적끈적한 재료는 불꽃과 함께 사라지고 있었다.

더 이상 머뭇거릴 시간이 없었다. 불을 끄면서 열기가 식기 전에 구멍을 메워야 하는 타이밍이 무엇보다도 중요했다. 먼저 불을 끄고 뚫어진 구멍으로 녹아내린 고무를 잡아당겨 밀어 넣은 후 뒤집어 바닥을 두드렸다.

그리고 고무신을 살펴보았다. 다행히 작은 흔적만 남았을 뿐 모든 것이 새것과 다름이 없었다. 혹시 물이 새지는 않을까 싶어 다시 보았으나 이상이 없었다.

그때 뒤돌아보니, 내가 그렇게 한 것이 아니라, 보이지 않는 어떤 분의 손길에 의해 그렇게 되었다는 느낌이 들었다. 아무 조건 없이 그저 감사했다.

비포장 오르막길을 힘겹게 올라가고 있었다. 대형버스 4대가 내 옆을 추월하여 지나갔다. 플라스틱 통 4개를 포개놓은 장애물이 보였지만, 그것에 아랑곳하지 않고 휑하니 지나갔다. 버스가 지나간 후에 보니 깨어진 플라스틱 조각만 나뒹굴었다.

얼마 후 '큰 임무'라는 여종이 내 옆으로 다가와 앉았다. 무엇인가 내게 할 말이 있으려니 생각하고 기다렸으나 아무 말이 없었다. 그러다가 무슨 일이 순탄치 않은 듯 알쏭달쏭한 말을 늘어놓았다.

"어휴, 잠시 후 귤을 실은 차 한 대가 도착할 텐데." (2006. 12. 27)

774. 요한의 노래

어디서 무엇을 열심히 봉사하고 있었다. 그때 'John's Songs Song! Song!(요한의 노래들을 노래하라! 노래하라!)'이라는 글자가 새겨진 길쭉한 물건이 보였다.

그 글자는 맑고 투명한 유리 모양의 뾰족한 육각형 테두리에 쌓여 마치 수정에 갇혀있는 것처럼 느껴졌다. 그리고 금방이라도 내 앞에 툭 튀어나올 것만 같았다.

그때 어떤 방에 들어갔더니 자매 2명이 부지런히 목욕서비스를 준비하고 있었다. 나를 보자마자 연장자로 보이는 자매가 연하로 보이는 자매를 칭찬하였다.

"글쎄, 저것 보세요! 나는 고등학교를 나왔으나 쟤는 대학교를 나왔어요. 그런데 저렇게 열심이라니까요!"

그리고 연장자 자매는 침대 곁에 앉아 시트를 손보았고, 젊은 자매는 걸레를 빨아 바닥을 닦았다. 젊은 자매는 너무 부지런하여 이 일 저 일 가리지 않고 여기저기 다니며 닥치는 대로 열심히 봉사했다.

그들 자매는 누가 시켜서가 아니라 마음속에서 우러나오는 기쁨으로 자원하여 섬겼다. 주님을 사랑하는 모습이 역력하게 보였다. 천사와 같이, 이름도 없이 빛도 없이 섬기는 그 모습이 너무 아름다웠다.

이후 차를 몰고 어디를 가다가 보니 밀리기 시작했다. 창밖을 보니 콩을 타작하고 거둬들인 자리에 그루터기 하나가 있었다. 그 둘레와 모서리에 상당한 콩이 남아있었다. 나도 모르게 차에서 내려 그 콩을 쓸어 모아 담고 있었다.

저녁에 축제의 장, 광명교회로 갔다. 삼일 금식 특별기도회 마지막 날 강사로 초대를 받았기 때문이다. 그때 '내가 죽어야 예수가 산다!'라는 제목으로 말씀을 전하였다. 먼저 갈라디아서 2장 20절 말씀을 읽었다.

"내가 그리스도와 함께 십자가에 못 박혀 죽었습니다. 이제는 내가 사는 것이 아니라 내 속에 그리스도께서 사십니다. 지금 나는, 나를 사랑하시고 나를 위해 돌아가신 하나님의 아들을 믿는, 그 믿음으로 삽니다."

그때 성령님의 감동에 따라 메마른 광야의 간증과 예수나라 바로 세움의 필요성을 역설했다. 그리고 내가 설립한 그 교회를 더 이상 방문하지 않았다.

이로서 '축제의 장, 광명교회'의 사역을 마무리하게 되었다. 지난 3월에

설립하여 10개월 만에 마지막 설교를 하고 아주 떠났다. (2006. 12. 28)

775. 성령의 단비

강의가 끝나고 잠시 쉬는 시간이 되었는가 싶었는데 벌써 점심시간이었다. 밖으로 나가 무의식적으로 차를 타고 식당을 향해 갔다. 식당은 시장 안에 있었다.

차가 밀려 지체할 때, 자매 3명이 다가와 무엇이라 한 마디하고 차에 올라탔다. 그들 가운데 내가 아는 자매는 앞으로 탔고, 모르는 자매 2명은 뒤로 탔다. 룸미러로 살짝 훔쳐보니 얼굴이 동그랗고 예쁘게 생긴 자매들이었다. 어디선가 많이 본 듯했으나 기억이 나질 않았다.

그때부터 차가 더욱 밀리기 시작했다. 거의 앞으로 나가지 못했다. 여러 사람이 오가는 골목길에다 통로도 좁았기 때문이다.

지나가는 사람들 때문에 차가 잠시 멈춰 서 있었다. 엄마를 따라가던 남매 중에서 어린 자매가 내 차 범퍼에 머리를 박았다. 아이 이마에 동전만 한 멍이 들었다.

그런데 아이가 울 듯하다가 멈추고 그냥 엄마를 따라갔다. 너무 바삐 오가는 사람들과 지체할 수 없는 엄마의 바쁨을 의식한 듯했다.

차에서 내려 정중히 사과할 생각이었으나 그럴 틈이 주어지지 않았다. 길은 좁고 사람은 여전히 많아 그곳을 빠져나가기가 쉽지 않았다.

어느덧 파란만장한 2006년을 우여곡절 끝에 마치게 되었다. 지난 1년간 놀라운 은혜와 극심한 고난을 동시에 맛보았다. 1980년부터 이어진

지긋지긋한 빚을 모두 갚고, 주의 종으로서 교회를 설립하여 담임을 맡았다.

하지만 목회에 실패하고 다시 6천만 원의 빚을 지게 되었다. 더할 나위 없는 모욕과 망신을 톡톡히 당하고 혹독한 지옥훈련을 받았으며, 결국은 빈 광야로 물러날 수밖에 없었다.

그리고 얼마의 휴식과 재충전의 시간을 가졌다. 이제 건강도 회복하고 새로운 사역을 위해 기도하고 있다.

"할렐루야! 2016년을 마무리하면서 하나님 아버지께 감사와 찬양을 드립니다. 메마른 광야에 성령의 단비를 내려주시니 얼마나 큰 은혜인지요. 사랑의 주님께 모든 영광을 돌립니다. 아멘!" (2006. 12. 31. 주일)

예스 5, 광야의 단비

제23편

반석을 위해

776. 새 나라

'선한 바위' 교회에서 송구영신 예배를 드렸다. 그리고 예수나라 운영 규정을 손보다가 잠자리에 들었다.

무슨 일인지 자세히 알 수는 없었으나 밤새도록 무엇에 쫓기다가 잠을 설쳤다. 그런데 분명한 사실은, 내가 감당해야 할 과제와 풀어야 할 숙제가 있었으며, 그 때문에 애를 태웠다는 것이다.

그리고 어렴풋하게나마 기억나는 것은, 네모난 널빤지 같은 것이 3개 정도 있었으며, 그것이 어떤 용기 안에서 제자리를 찾아 안착하였다.

뭔가 불안한 마음이 가득하여 기도원으로 올라갔다. 사람과 차량으로 발 디딜 틈조차 없었다. 하지만 나는 새해를 맞아 이사야 55장 5절 말씀을 받고, 마음속에서 우러나오는 뜨거움을 느끼고 있었다.

'네가 알지 못하는 나라를 네가 부를 것이며, 너를 알지 못하는 나라가 너에게 달려올 것이니, 이는 주 너의 하나님, 이스라엘의 거룩하신 하나님께서 너를 영화롭게 하시기 때문이다.' (2007. 1. 1.)

777. 위기와 기회

메마르기 그지없는 모래밭에 개미귀신이 파놓은 개미지옥이 있었다. 그때 작은 불개미 떼가 지나다가 그 구덩이 속으로 미끄러져 떨어졌다. 빠져나오기가 심히 어려워 보였다. 서로 뒤엉켜 바쁘게 움직이기 시작했다.

그러자 조청 같은 붉은 액체 덩어리가 여기저기 생겨났다. 시간이 지날수록 그 덩어리는 점점 더 커졌다. 이리저리 구르다가 마침내 하나로 뭉쳐졌다.

그리고 모래 옷을 입기 시작했다. 한번 구를 때마다 모래 옷은 더욱 견고히 입혀져 나중에는 콘크리트가 양생되어 굳어지는 것처럼 보였다. 그러다가 구덩이보다 더 커져서 개미지옥을 가득 채우고 남았다.

그렇게 하여 세상에서 가장 튼튼한 모래성이 만들어지더니, 나중에는 불개미들의 집이 되었다. 그 속은 양식이 가득한 곳간이었고, 겉은 난공불락의 요새였다. 절체절명의 위기를 기회로 삼았던 것이다. (2007. 1. 2)

778. 교단과 직분

어느 강의에 참석했더니 강사로 나온 사람의 모습이 의외였다. 빡빡머리에 승려의 차림이었다. 겉모습만 보면 영락없는 스님이었다. 그때 옆에 있던 자매가 말했다.

"어찌 저런 사람의 강의를 들을 수 있겠어요?"

"예수 그리스도를 영접한 사람이라면 그 외모가 무슨 상관이 있겠습니까?"

그리고 강사의 소개를 들어보니 역시 기독교계의 저명한 지도자였다. 하지만 그가 속한 교단은 생소하였고, 그의 직분은 '청대'로서 교단의 꽃으로 여겨졌다. 서열로 보면 5단계 중 5번째로 최고의 지위였고, 그 교단을 대표하는 사람이었다.

첫째 단계는 일반 교회에서 흔히 말하는 '성도'였고, 둘째 '은경'부터 다섯째 '청대'까지가 지도자였다. 그들의 권세는 아주 막강한 것으로 보였다.

그리고 '청대' 위에 2개의 직분이 더 있었다. '은상'과 '금상'이었다. 그들은 공동체를 직접 이끌어가는 지도자가 아니라 명예직이었다. '상' 자가 의미하는 대로 영예는 있었으나 권한은 없었다. '청대'에서 은퇴한 어른들이었다. (2007. 1. 3)

779. 황소

들판에 서리가 하얗게 내려 자수를 놓았다. 빠끔한 공간에 꽁꽁 언 발자국 하나가 보였다. 다름 아닌 내 왼쪽 발자국이었다. 항상 왼발을 앞으로 내밀고 운동하여 만들어졌다. 오늘도 변함없이 그 발자국에 발을 올려놓고 운동을 했다.

그리고 기도하던 중에 작은 은구슬 같은 것이 눈앞에 나타났다. 처음에는 3개가 트리오를 이루어 활발하게 움직이더니, 나중에 하나가 더 생겨 4개가 꼬리에 꼬리를 물고 춤을 추었다. 'Y' 자 모양으로 이동하며 활발하게 춤추었다.

여종이 꿈을 꾸었다고 하면서 들려주었다. 꿈이 기억되는 일은 거의 없었으나, 이번처럼 생생한 꿈은 보기 드문 일이라고 했다.

황소 한 마리가 멍에를 메고 척박한 자갈밭을 갈았다. 그때 어린 소녀 하나가 소 모는 줄에 매달려 있었다. 하지만 그에 아랑곳하지 않고, 소는

온 산천을 누비며 돌아다녔다. 멍에를 메고 밭을 간다는 핑계로 사방천지를 천방지축으로 뛰어다녔다.

"저런, 저런! 저걸 어째? 저러다가 아이가 영락없이 죽고 말겠네!"

그러나 소가 멈췄을 때 보니, 그 소녀는 털끝 하나 상함이 없었다. 그래서 겨우 한숨 돌리게 되었다. 정말 이상할 정도로 아이가 멀쩡했다고 한다.

이 얘기를 듣고, 오래전 무역영어를 공부할 때가 생각났다. 버클리 대학교 출신의 여강사가 나를 'Korean cow(한국의 소)'라고 불렀던 것이다.

(2007. 1. 4)

780. 종이학

대통령 집무실이 이전되는 곳에 신도시가 건설되고 있었다. 그 도시에 들어가 보니 적어도 5개 이상의 독특한 마을이 있었다.

첫째 마을은 모든 방면에서 완벽했다. 몸만 들어가면 최상의 안락한 생활을 할 수 있었다. 숙식은 기본이고, 일과 여가활동을 동시에 하는 공간이 있었으며, 시설뿐만 아니라 개인의 건강관리까지 완벽하게 돌봐주는 시스템이 구축되어 있었다.

하지만 둘째 마을부터 다섯째 마을까지는, 적어도 절반은 자기 스스로 책임과 의무를 부담하였다. 다만 4개 마을의 화장실이 모두 약간씩 달랐다.

그 외의 마을들은 단지 신도시 안에 있다는 사실만 다를 뿐, 마을 운영과 개인의 생활방식이 오늘날 자본주의와 별다른 점이 없었다.

예배당으로 보이는 곳에서 의자를 밀치고 하룻밤을 보냈다. 동녘이 밝아 자리에서 일어나 밖으로 나갔다. 아침 식사를 마치고 다시 들어가 보니, 의자가 치워지고 바닥 청소를 하는 중이었다.

그때 바닥에 종이 쪼가리가 널려 있었다. 누군가 접어놓은 종이학이었다. 자세히 모르긴 하여도, 간밤에 사람들이 접은 것으로 보였다.

그리고 다시 밖으로 나갔더니 큰 강이 있었다. 마치 아담과 하와 같기도 하고, 어쩌면 원시인이나, 아니면 어느 부잣집 머슴과 여종으로 보이는 선남선녀가, 물속에서 수영을 하며 애정을 나누고 있었다. 처녀는 아주 순진해 보였으며 총각은 우직하고 힘이 세어 보였다.

그들은 둘 다 긴 생머리였고, 벌거벗은 몸으로 수영을 했다. 마치 싱싱한 물고기 2마리가 자유롭게 헤엄치며 노는 듯했다. 총각이 처녀를 졸졸 따라다니며 갑자기 덥석 끌어안기도 했다.

그러다가 물 위로 처녀를 반드시 눕히더니, 왼손으로 붙잡고 오른손으로 음모를 모아 물 밖으로 쓰다듬어 올리는 모습이 보였다.

그리고 처녀의 머리털을 가지런히 모아 위로 올리더니 입에 물고, 어느 틈엔가 오른손에 식도를 잡고 그녀의 머리털을 자르려고 하였다.

그때 사람들은 그 칼로 과연 머리카락을 자를 수 있을까 싶어 미심쩍게 지켜보고 있었다. 하지만 보기와 달리 아주 수월하게, 그것도 단번에 머리털이 싹둑 잘렸다.

그동안 가만히 누워있던 처녀가 윗몸을 일으켜 머리를 좌우로 흔들었다. 그러자 너무나 놀랍게도, 요즘 아가씨들이 금방 미용하고 나온 것처럼, 아주 세련되고 예쁘게 다듬어진 고딕 헤어스타일이 되었다. 마치 유명한 영화 속의 주인공을 보는 듯했다.

그때 여러 사람이 물속에서 그 모습을 지켜보고 있었다. 그런데 나만 홀로 그들처럼 발가벗고 있어 부끄럽다는 생각이 들었다. (2007. 1. 5)

781. 건축공사

무슨 건축공사가 한창 진행되고 있었다. 규모가 매우 큰 공사로 보였다. H형 빔으로 철골구조가 거의 완성되어 웅장하고 튼튼했다. 나는 1층 내부에서 그것을 지켜보았다.

그때 지하층 내부 공사가 시작되었다. H형 빔이 2층에서 아래층으로 비스듬히 내려오더니, 지하실 입구에서 끝이 휘어져 아래쪽으로 향하는 모습이 보였다. 2층에서 지하층으로 무엇을 운반하기 위해 설치되는 듯했다.

그렇게 크고 강한 무쇠 덩어리가, 그것도 필요한 만큼 적당히 스스로 휘어진다는 사실이 매우 놀라웠다. 사람의 힘으로는 상상하지도 못할 일이고, 그 어떤 장비로도 어려워 보였다.

그뿐만 아니라 모든 공정이 순조롭게 착착 진행되고 있었다. 하지만 일하는 사람은 하나도 보이지 않았다. 그 공사는 사람의 손에 의해서가 아니라, 눈에 보이지 않는 분의 신비로운 손길에 의해 모든 일이 진행되고 있음이 분명했다. (2007. 1. 6)

782. 백의천사

고수와 당구를 쳤다. 무슨 까닭으로 선수(先手)를 양보했는지 모르지만, 아무튼 관례를 깨고 고수가 먼저 치기 시작했다. 그런데 고수가 한 큐에 자기 점수를 다 치고 스리쿠션에 들어갔다. 그렇게 단번에 끝나는 줄 알았다. 하지만 그가 작은 실수를 하여 내게 기회가 주어졌다.

그렇게 내가 칠 차례가 되었으나 이길 확률은 제로에 가까웠다. 하지만 쳐 보지도 않고 그냥 포기할 수는 없었다.

"그래, 나도 단 큐에 끝낼 수 있어! 나라고 못할 일은 없지. 어디 한번 해 보자!"

그리고 큐에 초크를 칠해 막 치려는 순간, 공교롭게도 전기가 나가버렸다. 주변이 암흑천지였다. 모든 것이 정지되었다. 희미하게 비치는 카운터의 주인에게 신호를 보냈으나 고개를 좌우로 흔들었다. 이제 당구를 끝내라는 몸짓으로 보였다.

그래서 큐를 놓고 당구장 밖으로 나왔다. 먼 동녘 하늘에 여명이 밝아오고 있었다. 잠시 후 하늘에 둥근 원 3개가 보이더니, 그 사이에 천사가 나타나 나를 향해 무엇인가 한 마디하고 사라졌다.

이어서 그 천사인지 다른 천사인지 모르지만, 다시 한 천사가 나타나 역시 뭐라 한 마디 하며 급히 떠나갔다. 그 천사들이 연푸른 하늘색 바탕에 흰 뭉게구름의 무늬가 새겨진, 국보급 상감청자로 보이는 큰 도자기 속으로 들어갔다.

그런데 입구가 아닌 옆면으로 스르르 빨려 들어갔다. 도자기 전체의 윤곽은 보지 못했으나, 겉이 반들반들하고 고급스러운 무늬가 새겨져 있었다.

처음에는 천사가 들어간 구멍이 도자기 옆면에 선명하게 드러나 있었다. 하지만 점점 구멍이 작아지더니 나중에는 흔적도 남지 않았다. 더욱 반들반들하게 빛이 났다.

나와 더불어 다섯 사람이 식탁에 앉아 밥을 먹으려고 했다. 내 맞은편 오른쪽에는 주의 종이, 왼쪽에는 자매가 있었고, 내 오른편과 왼편에는 형제가 있었다. 국과 반찬은 있었으나 밥이 나오질 않아 기다렸다.

그러다가 밥이 나왔다. 밥을 가지고 온 사람이 주의 종과 그 맞은편에 앉은 형제에게 주었다. 밥이 두 공기만 나왔던 것이다. 그러자 그 형제는 밥을 먹기 시작했다.

그러나 주의 종은 밥을 받아 먼저 내게 3분의 1을 덜어주고, 다시 그 옆에 앉은 자매에게 3분의 1을 덜어주면서 말했다.

"자, 자, 어서 들어요. 어서!"

그러자 내 오른편에서 밥을 먹던 형제가 말했다.

"나만 혼자 다 먹네!"

그러자 주의 종이 말했다.

"그러게요. 아모스 형제가 뭐라고 하겠소?"

아모스는 내 왼편에 앉은 형제로 보였다. 그때 우리는 나머지 밥 세 공기도 금방 나올 것으로 생각했다. 하지만 더 이상 밥이 없다는 'X' 자 사인을 받고, 그것이 전부라는 사실을 알았다. 그래서 주의 종이 한 말을 이해하게 되었다.

어느 거리를 지나자 버스정류장이 나왔다. 거기 '강을 지나서'라는 정류장 간판이 보였다. 우리는 식당으로 가던 중이었다. 길가에 대여섯 명의 자매가 체조하는 모습이 보였다.

식당에 들어가면서 보니, 거리에서 운동하던 자매들이 내 뒤에 줄을 서 있었다. 그때 나는 무슨 생각으로 그들에게 자리를 양보하고 맨 뒤쪽에 가서 섰다.

그러자 맨 뒤에 섰던 자매가 나를 알아보고 반갑게 인사했다. '봄 처녀' 라는 낯익은 자매였다. 너무 반가웠다. 이런저런 안부를 물으며 함께 식당으로 들어갔다.

식당에 들어가 맛있게 식사를 마쳤다. 이번에는 음식도 부족함이 없었고 서비스도 좋았다. 하얀 가운을 입고 봉사하는 자매들을 보니 그들도 낯이 익었다.

그들 가운데 한 자매는 키가 컸으며, 옷깃에 계급장으로 보이는 무궁화 4개가 나란히 붙어있었다. 그 자매는 한쪽 눈을 안대로 가리고 있었지만, 그마저 아름다웠다.

그들은 위생적이고 알뜰하며 부지런했다. 자선행사에 빠지지 않고 참가하여 부지런히 봉사하는 자매들이었다. 그야말로 하얀 옷을 입고 이웃을 섬기는 백의천사였다. (2007. 1. 7. 주일)

783. 전산입력

지출결의서는 결재가 났으나, 무슨 이유인지 출납을 맡은 내가 전산입력을 미뤄 출금이 되지 않았다. 그러다가 전산입력을 시작했으나 지출항목에 자꾸 에러가 생겨 또 지체되었다. 평소 내 스타일과 맞지 않아 나도 의아했다.

약 두 달 동안에 걸쳐 예수나라 운영규정 초안을 완성했다. 필요한 사항이 있으면 추가하면 될 것으로 보였다. 이를 작성하는데 '예수원의 헌장' 등 대여섯 단체의 자료가 참조되었다. (2007. 1. 8)

784. 캥거루 아가씨

천리안을 가진 사람이 세상 동태를 살펴보고 있었다. 그가 자기 가족 중에 한 아이가 위급하다는 사실을 알았다. 그때 그 아이 옆에 캥거루가 있는 것을 보고, 그 캥거루에게 텔레파시를 보냈다.

그러자 산기슭에 있던 캥거루가 하던 일을 멈추고, 뭐라 한마디 하면서 자기 옆구리를 긁적거렸다. 캥거루의 손에 사람의 머리털로 보이는 것이 조금 쥐어져 있었다. 그것을 자기 머리에 갖다 붙이자 날씬하고 예쁜 아가씨로 변했다.

그리고 지체 없이 계곡 아래 있는 작은 웅덩이 속으로 들어가 한 소녀를 안고 나왔다. 소녀를 자기 옷으로 감싸더니 이렇게 소리쳤다.

"추우니까 얼른 옷을 준비해!"

그때 비가 많이 온 듯 계곡에 흙탕물이 흘러넘치고 있었다. 제법 큰 돌멩이도 급류에 휩쓸려 떠내려가는 모습이 보였다. (2007. 1. 9)

785. 개명

교회 버스를 몰았다. 다른 기사보다 대체로 먼저 교회당에 도착했다. 어느 날 다소 시간이 있어 강단을 둘러보았다. 그때 내가 헌금한 봉투가 보였다.

그런데 봉투 옆구리가 터져 안이 들여다보였다. 봉투 속에 10만 원짜리 수표 한 장이 들어있었다. 겉에서도 훤히 비쳤다. 하지만 봉투에는 내 이름이 씌어있지 않았다. 그래서 그 봉투를 가져다가 수표가 빠지지 않게 입구를 두세 번쯤 접고, 내 이름을 쓰기 시작했다.

하지만 손이 떨려 글자가 쓰이지 않았다. 특히 '춘' 자가 잘 쓰이지 않아 수차례 고쳤다. '춘' 자가 아니라 '훈' 자가 되었다. 그래서 결국은 이름을 개명하였다. (2007. 1. 9)

786. 의지와 오만

내가 설립한 교회에서 찬양연습을 하였다. 그런데 교회당 벽에다 누가 페인트칠을 해 놓았다. 미관상 보기 좋게 칠한 것이 아니라 아무렇게나 드문드문 마구 뿌려놓았다.

그때 갑자기 시야가 어질어질하더니 교회당 벽이 흔들거리기 시작했다. 창밖으로 머리를 내밀어 살펴보았다. 붉은 벽돌로 견고하게 이중으로 쌓아올려 붕괴될 염려는 없었다.

그런데 한 청년이 벌거벗은 몸으로 주변을 살펴보기 위해 창문으로 기어오르다가 미끄러져 떨어지고 말았다. 그의 몸은 마치 나무토막처럼 아랫집 지붕으로 떨어져 지붕과 지붕 사이로 굴러갔다.

그러자 '귀한 돌'이라는 사람이 창가에 올라서더니 마치 한 마리의 제비처럼 몸을 날려 아래쪽 지붕에 사뿐히 내려앉았다. 그리고 곧바로 청년에게 다가가 동태를 살펴보았다. 그때 청년이 벌떡 일어나 짜증스럽게 말했다.

"나는 괜찮으니 손대지 마!"

그러나 그는 많이 다친 듯했다. 옆에 있는 나뭇가지를 주워들고 겨우 일어났다. 그리고 목이 이상한 듯 연거푸 흔들었다. 그의 의지는 매우 강하게 보였으나 지나칠 정도로 오만했다. (2007. 1. 10)

787. 주님의 마음

방 가운데 놓여있는 책상머리에 앉아있었다. 사람들이 다가와 헌금 봉투를 놓고 갔다. 그 헌금을 보니 회갑잔치하고 남은 돈이라 쓰인 봉투도 있었고, 돌잔치 후 남은 돈이라고 쓴 봉투도 있었다. 모두 새 돈으로 정성껏 넣었다.

그때 '다섯 승리'라는 주의 종이 그 모습을 유심히 바라보다가, 이상하다는 듯이 고개를 갸우뚱하고 발길을 돌리는 모습이 보였다.

얼마 남지 않은 교회당 보증금을 입금하지 않고 모른 척하여 전화했더니, 또 다른 말을 하였다. 교인은 없고 나가는 돈은 많으니, 이번 달 연료

비만 더 보태달라는 것이었다.

"아, 그래요? 그러면 그렇게 하세요. 예, 예, 알았습니다."

그러자 또 100만 원을 공제했다. 세상 모든 사람이 나를 돈쟁이로 알 거나, 아니면 호구로 여기는 듯했다. 그 사정을 알고 대답은 그렇게 하였으나, 곰곰이 생각하니 성질이 벌컥 났다.

"무슨 연료비가 100만 원씩이나 든단 말인가?"

그러면서 나를 보니 정말 안타까웠다. 나는 왜 만날 그렇게 쩔쩔매야 하는가? 정말 한심스러운 내 모습에 실망을 금할 수가 없었다.

그토록 큰 손해를 보고, 양보할 만큼하고도, 왜 나는 그렇게 비굴해야 하는가? 세상에 나만큼 미스터리한 인간도 없을 것이다.

'목사님! 이제까지 제가 양보한 것이 적어도 5번은 됩니다. 지난번에도 한 달 임대료만 더 내주면 더 이상 요구하지 않겠다고 하셨습니다. 분명히 마지막이라고 약속하셨지 않습니까? 하나님께서 아신다고 하셨지 않습니까?'

왜 이렇게 단호히 거절하지 못했던가? 건물 보증금은 주인에게 뺄 수도 있었지만, 주님의 교회이기 때문에, 우리가 설립한 교회를 어떻게든 살리기 위해, 서로 주님 앞에 약속하지 않았던가?

앞으로 8년 동안 매월 60만 원씩 96개월간 빚을 갚아야 한다는 사실을 벌써 잊었단 말인가? 왜 당연히 요구해야 할 것을 하지 못하는가? 당연한 것을 왜 그렇게 구걸하듯 해야 하는가? 정말 지나치게 비굴하고 나약한 내 모습이 너무 미웠다.

이렇게 나를 질책하면서 집으로 돌아가던 중 주님의 음성이 들렸다.

"네가 더 못한 것이 뭐이냐?"

"제가요? 나이가 좀 적으니 그건 낫네요. 몸도 좀 덜 불편하니 그것도 낫습니다."

"그렇다면 네가 도움을 받는 게 낫느냐? 도움을 주는 게 낫느냐?"

"예? 도움을 받는 것보다야 주는 것이 낫지요!"

"그렇다면 네 불평이 어디에서 나온단 말이냐?"

"아! 정말 그렇군요. 하나님 아버지 감사합니다. 저는 더 젊어서 좋고요! 더 건강해서 좋고요! 받는 것보다 주는 것이 좋습니다! 제가 주님의 마음을 미처 깨닫지 못했습니다.

제 우준함으로 손해만 보는 줄 알고 저를 미워했습니다. 저를 용서하여 주십시오. 저의 비굴함이 바로 주님의 뜻이요, 저의 부족함도 주님의 뜻입니다.

저의 채권도 주님의 것이요, 저의 채무도 주님의 것입니다. 이 모든 것이 저를 다듬어 쓰시려는 주님의 뜻임을 이제야 알았습니다. 할렐루야! 주님, 감사합니다!"

그때 신령한 주님의 마음이 내 속으로 순식간에 스며들었고, 나는 순간적으로 바르르 떨었다. (2007. 1. 10)

788. 복음 전파

내 부모와 형제자매가 지켜보는 가운데 어느 거리에서 복음을 전하고 있었다.

"또 하나 분명한 사실은, 하나님의 심판이 있다는 것입니다. 성경에 있다고 하였으니 분명히 있습니다. 성경은 지금도 하나하나 착실히 성취되고 있습니다.

그렇습니다! 우리는 심판을 받아야 합니다. 하지만 형벌만은 피해야 합니다. 그러자면 하나님과 화해할 수밖에 없습니다. 하나님과 화해하기 위해서는 죄에서 벗어나야 합니다. 죄에서 벗어나는 길은 오직 하나, 우리 주 예수 그리스도를 구주로 받아들여야 합니다.

예수님을 구주로 영접한 사람은 영원한 생명을 얻습니다. 참 자유와 평화와 기쁨을 누리며 행복하게 살아갑니다. 이것이 바로 하나님의 심판에서 벗어나 구원을 받았다는 증거입니다." (2007. 1. 11)

789. 세 얼굴

자매와 한가롭게 바둑을 두고 있었다. 내 포석이 늘 그렇듯, 큰 곳을 먼저 차지하여 처음에는 유리하게 보였다. 하지만 자매는 전혀 동요하지 않고 차분하게 대응했다.

자매가 좌변의 말을 이용하여 좌하귀로 뛰어들어 전투가 벌어졌다. 우변의 말과 연결되어 안전하게 살아갈 듯했다. 그렇게 되면, 나는 그야말로 껍데기만 남았다. 그래서 묘수를 찾아보려고 장고에 들어갔다.

그러자 자매는 주방으로 가서 봉사하기 시작했다. 상황을 보니 무슨 축제가 있었다. 모두 분주하게 움직였다. 자매는 바둑판으로 돌아올 생각을 접은 듯 봉사에 전념하였다.

그래서 바둑을 그만두고 나도 축제 준비에 동참하게 되었다. 그러고 보니 우리가 바둑을 둘 정도로 한가한 시간이 아니었다.

'아무도 없는 곳에서 차고 넘치는 곳으로!'

라는 캐치프레이즈가 축제 분위기를 한껏 고조시켰다. 그 플래카드 옆으로 인물 사진 3개가 나란히 걸려 있었다.

첫째는 아주 근엄하였고, 둘째는 매우 온화하였으며, 셋째는 그 두 모습이 합쳐진 얼굴에 잔잔한 평화가 깃들어 있었다. 그 세 얼굴이 한 사람이었다. (2007. 1. 12)

790. 스토커

여종을 끈질기게 쫓아다니며 괴롭히는 스토커(stalker)가 있었다. 어쩔 수 없이 가끔 만나주는 듯했다. 언젠가 무슨 빚을 져서 코가 꿰인 것을 알고 여종을 질책했다.

"당장 나가요! 꼴 보기 싫으니!"

그러자 여종이 울먹이며 말했다.

"저 사람에게 250만 원만 주세요. 그렇지 않으면 아예 그에게 가야 할지 몰라요."

"이제야 본색을 드러내는군! 그럴 돈도 없거니와 있어도 줄 수 없어요! 당장 보따리 싸 나가요!"

"지금 당장이요?"

"그래요, 더 이상 보기 싫으니 지금 당장 나가요!"

그렇게 다툰 후 집을 나와 버렸다. 그리고 얼마 후 돌아가 보니, 연세가 지긋하고 점잖은 대여섯 명의 부인이 모여 무엇을 숙의하고 있었다.

그때 한 부인이 나를 보고 말했다. 그 부인은 여종의 어머니로 보였다.

"아무래도 굿을 한번 해야 할 것 같아요. 꿈에 보니 당신이 거처하는 곳에 커튼이 늘어진 모습이 보였지 뭐예요?"

그러자 거기 있던 사람들이 술렁거렸다. 그리고 제각기 한마디씩 했다.

"그래요!"

"맞아요!"

"그렇게 하는 것이 좋을 것 같아요!"

그 부인이 말한 커튼은 상막(喪幕)을 의미했다. 상막은 삼년상을 차릴 때 위패를 모신 영정 앞에 치는 커튼이다. 아침저녁으로 음식을 올릴 때 걷고 곡이 끝나면 쳤다.

나는 어릴 때 할아버지 상을 당하여 부모님이 삼년상을 차리고 조석으로 상막을 여닫는 모습을 보았다. 그래서 그 부인의 꿈은 내가 죽은 것을 의미했다. 그 사실을 거기 있는 사람들이 다 알았다.

그때 나는 섬뜩한 생각이 들었다. 하지만 대답을 지체할 필요는 없었다.

"나는요, 죽으면 죽을지언정 굿은 할 수 없습니다!"

그러자 그들 가운데 어떤 사람은 안도했다는 듯이 고개를 끄덕이며 긴 숨을 쉬기도 했다. 그리고 나는 아버지가 거처하는 본채로 올라갔다. 마침 아버지가 집 안 청소를 하고 있었다.

"아버지, 아무래도 이사해야 할 것 같습니다. 그것도 지금 당장 말입니다. 만나는 사람마다 이곳이 안 좋다고 하니 어떻게 하겠어요?"

"그런 일이라면 어떻게 할 수 없지 않느냐? 그런데 지금 당장 할 거냐?"

"예."

그리고 아래채로 내려가자 사람들이 그대로 자리를 지키고 있었다. 마침 중개업을 하는 장로님이 거기 있어 당장 이사할 집을 알아봐 달라고 했다. 그러자 즉시 휴대폰으로 물어보고 말했다.

"'서쪽 초장'이라는 곳에 빈집이 있는데 거기도 괜찮을까요?"

"그곳은 강남이 아닌가요? 비싸겠지만 할 수 없지요."

그렇게 말하고 거기 있는 사람들을 둘러보니, 여종과 여종의 어머니로 보이는 부인, 그리고 다른 여러 여인들, 내 아들과 생질도 있었다.

생질은 내가 교회를 개척했을 때 수십 리나 떨어진 먼 길을 매주 빠짐없이 다녔다. 하지만 예수님을 영접하자는 제안에 선뜻 응하지 않아 늘 아쉬웠다.

"자, 그러면 아들과 생질은 나와 함께 이삿짐을 싸도록 하자!"

그러자 그들이 기다렸다는 듯이 즉시 나섰다. 하지만 여종은 다른 여인들과 함께 있으면서 미동도 하지 않았다. 그동안의 정을 생각하니 섭섭하기도 했으나 한편으로는 시원하기도 했다.

그리고 빈 박스와 밴드 끈을 준비하여 본채로 올라가 짐을 싸려고 했다. 그런데 내 짐이 하나도 보이지 않았다.

"아차, 그렇지! 내 짐은 아래채와 바깥에 있었지."

하면서 밖으로 나갔다. 그리고 5층 사무실로 올라가 짐을 챙기기 시작했다. 몇 사람의 인부들이 있었지만 나와 상관이 없었다. 그때 '평범한 돌'이라는 친구가 올라와 말했다.

"점심 식사나 하고 하게나. 나는 여종과 점심 약속이 되었다네."

"그래, 알았네. 먼저 가게."

하면서 대답은 하였으나, 여종이 친구와 점심을 함께한다니 또 서운한 마음이 들었다.

유리창 난간에 국이 끓고 있었다. 그 국을 한 그릇 퍼서 지팡이에 매달고 털레털레 계단을 내려가기 시작했다. 1층까지 내려가자 국은 반 그릇 밖에 남지 않았다.

그렇게 집까지 가다가는 국이 한 숟가락도 남지 않을 듯했다. 지팡이에 달린 국그릇을 벗겨 손에 들고 길가로 나갔다. 마침 외식하러 나가는 사람들이 차를 나누어 타고 있었다.

앞차는 노변에 비스듬히 서 있었고, 뒤차는 길 가운데 서 있었다. 마지막으로 인원 점검을 하였다. 그런데 앞차의 뒷바퀴가 삐죽 나와 있어 지적해 주었다.

하지만 어느 누구도 관심을 보이지 않았다. 위험하다는 생각이 들어 다시 한 번 일러주었으나 역시 아무 반응이 없었다. 그렇게 차가 그냥 출발했다.

앞차가 출발하는 모습을 주의 깊게 지켜보았다. 언덕배기를 잘 올라갈 수 있을까 걱정스러웠다. 아니나 다를까 불과 얼마 못 가서 차가 기우뚱하더니 옆으로 넘어지고 말았다. 앞바퀴가 빠져 옆으로 튕겨 나갔고, 대우는 뒤틀어져 엿가락처럼 휘었다.

그리고 차가 넘어질 때 하중으로 앞부분이 심하게 찌그러들었다. 차에 탄 사람들도 무사하지 못할 듯했다. 정원을 넘겨서 더욱 그랬다. 그때 뒤차에 탔던 사람들이 내려 웅성거리기 시작했다. (2007. 1. 13)

791. 순례자

한없이 평화롭고 고즈넉한 마을에 우물이 있었다. 그곳에 여종과 함께 도착했다. 꼬불꼬불한 논두렁길을 숱한 사람이 줄지어 지나갔다.

그들은 모두 순례자로서 엄숙한 모습이었다. 그곳은 야곱의 우물처럼 유서가 깊어 보였다. 모든 사람이 그 물로 목을 축인 뒤 다시 길을 떠났다.

그때 우물가 바위에 한 발을 올려놓고 하염없이 먼 산을 바라보는 사람이 있었다. 그는 '이익 도래'로서 나와 잘 아는 사이였다. 내가 먼저 인사하려고 하였으나 눈길을 주지 않아 그냥 지나쳤다. 그는 누군가를 목이 빠지게 기다리고 있는 듯했다. (2007. 1. 14. 주일)

792. 불안과 초조

오전 10시에 '경배 도래'를 만나기로 약속되어 있었다. 하지만 시간이 지나도 오지를 않았다. 2시간이 지난 12시에 나타나 서류를 보자고 했다. 영문으로 된 서류를 그대로 보여주면서 말했다.

"특별히 달리 해석할 여지가 없어 이대로 보시면 되겠습니다."

하면서 손으로 짚어가며 차근차근 설명해 주었다.

"음, 그래!"

그리고 그는 다시 만나자고 하면서 떠나갔다. 그 후 나는 다시 약속한 장소에서 기다렸으나 그는 나타나지 않았다. 불안하고 초조한 나머지 나도 모르게 담배를 피우기 시작했다.

그러자 나와 함께 기다리던 '거룩한 기운'이 밖으로 나가서 피우라고 성질을 냈다. 그래서 그 방을 벗어나 복도로 나갔다. 그때 나 자신을 보고 깜짝 놀랐다. 내 남방 주머니에 담배가 한 갑 들어있었고, 연거푸 줄 담배를 피우고 있었기 때문이다.

"아니, 세상에 이럴 수가? 내가 그토록 싫어하는 담배를 피우다니? 그것도 정신없이 빡빡 빨아대다니!"

그 순간 하나님과 맺은 소금언약이 생각났다. 즉시 담배를 던져버리고 '거룩한 기운'이 있는 곳으로 돌아갔다. 그때 '마지막 지킴이'가 좋은 소식을 가지고 왔다.

"8시까지 본당으로 모이라고 하셨습니다."

그 말을 듣고 밖으로 나갔더니, 본당 벽에 걸린 시계가 7시 15분을 가리키고 있었다.

"음, 아직 45분이 남았군. 집에 가서 깨끗이 씻고, 밥을 먹고 와야겠군!" 하면서 발길을 옮겼다. (2007. 1. 14. 주일)

793. 우주 30

이런저런 일을 하다가 좁고 고불고불한 산길을 따라 올라가며 붉은 벽돌을 깔았다. 벽돌이 밀리지 않도록 30cm 간격으로 양쪽 벽면을 깊이 뚫어 박으며 가급적 넓고 길게 깔았다. 또 벽돌과 벽돌이 맞닿지 않도록 사이사이에 흙을 채웠다.

'독립이냐? 종속이냐?'를 두고 양단간에 결단할 일이 있었다. 오래 기다린 끝에 드디어 결재가 났다는 소식을 듣고 축배의 생수를 단숨에 마셔버렸다.

문서 아래 '우주 30'이라는 프로젝트 번호가 선명하게 인쇄되어 있었다. 그 내용을 내 눈으로 직접 보지는 못했으나, '자급이 가능하면 독립'이라는 조건부로 보였다. (2007. 1. 15)

794. 자매의 서류

환경이 나쁜 곳에서 일하다 보니 공기가 안 좋아 답답하기 그지없었다. 어디 방법이 없는가 하고 살펴보았더니 기계실 뒤편에 창문이 있었다. 그 창문을 활짝 열자 그제야 시원함을 느꼈다.

일을 마치고 화장실에 가보니 화장실 또한 너무 지저분했다. 마침 옆에 호스가 있어 말끔히 청소하고 나왔다. 봉사한 뿌듯함으로 기분까지 상쾌했다.

그때 나와 함께 봉사한 자매가 있었다. 그 자매와 관련된 서류를 챙기지 못해 거기 오물이 조금 묻었다. 자매가 서류를 번쩍 들어 보이며 내게 건네주었다. 앞으로 잘 챙겨달라는 무언의 부탁으로 여겨졌다. (2007. 1. 16)

795. 옛날 생활

호적법 개정으로 등본이나 초본을 뗄 때 잠시 혼란이 있었지만, 시행

령 조정으로 업무가 다시 원활하게 되었다. 그때 근무처도 옮기고 사무실 배치도 끝나 새로운 기분으로 부지런히 일했다.

그런데 문제는, 내가 다시 옛날 생활로 돌아가 담배를 피웠다는 것이다. 개정된 법률에 의해 실내에서 담배를 피우지 못하게 했음에도, 나를 포함한 몇 사람이 일에 지장이 있다는 핑계로 여전히 사무실에서 담배를 피웠다.

하지만 어느 누구도 담배를 피우지 못하게 터놓고 말하는 사람이 없었다. 다만 담배를 피우고 나서 입을 헹구기 위해 화장실을 갈 때, 뒤에서 불평하는 소리가 들렸다.

"어휴! 저놈의 담배! 저 징그러운 냄새!"

그 소리를 2차례 들은 뒤, 화장실에 가서 입을 헹구고 잠시 생각에 잠겼다.

'내 뒤에서 들리는 저 소리를 더 이상 외면해서는 안 되지 않느냐? 내가 뭐라고? 그래, 이제 돌아가서 분명히 선언하자. '나도 이제부터 금연이다!' 라고.'

그리고 입을 헹구기 위해 갖다 놓은 컵과 뚜껑을 챙겨 들고, 가벼운 발걸음으로 사무실을 향했다. 그때 주님께서 친히 법을 제정하시고 일하는 분위기를 조성시켜 주셨으나, 여전히 제멋대로 살아가는 나를 안타깝게 여기시는 듯했다.

'그들이 배를 육지에 대고, 모든 것을 버려둔 채 예수님을 따라갔다.' (누가복음 5. 11)

사무실에 들어서자 문득 이 말씀이 생각났다. (2007. 1. 17)

796. 출판사

인쇄물을 맡기려고 출판사를 찾아갔다. 종사자들이 바쁘게 움직이는 모습과 철커덕거리는 기계 소리가 요란하게 들려왔다.

그런데 정작 내가 찾는 출판사는 보이지 않았다. 당연히 있어야 할 사무실은 없고, 그 자리에 앙상한 시멘트 기둥만 덩그렇게 남아있었다.

텅 빈 공간 한쪽에 아이들이 놀고 있었다. 뭔가 잘못되었다는 생각이 들어 서둘러 그곳을 나오려고 했다. 그래서 뒤돌아보니 순식간에 모든 것이 사라지고 없었다.

출구를 물어보려고 이리저리 헤매고 다녔지만 아무도 보이지 않았다. 다시 안으로 들어가 보았지만 놀고 있던 아이들마저 없었다. 텅 빈 창고 속에 나만 홀로 서 있었다. (2007. 1. 18)

797. 돈벌레

아이 둘을 손수레에 태우고 산길을 따라 내려가고 있었다. 아이들이 곤히 자고 있어 모든 것이 조심스러웠다. 산 아래까지 거의 다 내려갔을 때 수레가 고장이 났다.

그때 비가 부슬부슬 내리기 시작했다. 아이들을 먼저 집에 데려가야 할지, 손수레를 먼저 고쳐야 할지를 두고 잠시 머뭇거렸다. 아이들을 집에 데려다 놓고 와서 수레를 고치기로 했다.

아이들을 등에 업고 산길을 거슬러 올라가기 시작했다. 한참 오르다

보니 이번에는 내 의족이 벗겨지고 없었다. 무릎을 발바닥 삼아 바위만 골라 딛고 올라갔다. 그때 여럿이 산을 오르고 있었다.

얼마 후 우리는 산 위에 있는 집에 도착했다. 다행히 방이 따뜻하여 아이들을 재우기에 안성맞춤이었다. 아랫목에 아이들을 눕혔다. 마침 한쪽에 기능 베게 2개가 나란히 있어 하나씩 받쳐주었다.

그리고 부엌으로 나가던 중 전화가 왔다. 받아보니 생각지 않은 사람이었다. 지난날 일언반구 없이 돈을 떼먹은 파렴치한이었다. 목소리를 들어보니 바로 그였고, 그도 나를 알아보는 듯했다. 하지만 나는 돈에 대해 아무 말도 하지 않았다. 그냥 친절하게 대답만 하고 끊었다.

아이러니하게도 부엌에 '돈벌레'라는 인간이 서 있었다. 그 옆에 '똥'이라는 그의 욕심쟁이 아내와 심술쟁이 장모도 있었다. 그런데 그 모녀가 나를 보더니, 갑자기 '돈벌레'를 바닥에 눕히고 괴롭히기 시작했다.

그 아내는 그의 두 발을 잡고 신발과 양말을 벗긴 후 바지까지 벗겼으며, 그 장모는 그의 입속에 들어있는 음식물까지 꺼내는 모습이 보였다. 그들은 그에게 무슨 원한이라도 쌓인 듯 이렇게 말하며 바삐 움직였다.

"이제까지 그토록 우리를 괴롭힌 이 버러지 같은 놈아!"

그들을 뒤로하고 밖으로 나갔더니, 어느새 내 매제들이 고장 난 손수레를 끌고 와서 고치고 있었다. 나 혼자가 아니라는 생각이 들어 마음이 놓였다.

그때 아이들 학교에서 선생님의 전화가 왔다. 휴일이지만 학예회가 있으니 아이들을 학교에 보내달라는 것이었다.

"내 비록 학교를 그만두게 할지언정, 쉬는 날 아이들을 학교에 보낼 수는 없어요!"

그리고 얼마 후 아이들이 학교에 가려고 채비를 했다. 갑자기 한 아이가 학교에 가지 않겠다고 깡을 부렸다. 무슨 행운권처럼 보이는 서류를 주지 않는다는 것이 그 이유였다. 그래서 그 서류를 꼼꼼히 챙겨 아이에게 주며 말했다.

"이게 다 너희를 위한 것이지 나를 위한 것이더냐? 자, 여기 있으니 가져가거라. 이제부터 너희가 직접 챙겨야 한다."

그러자 아이는 그것을 받아들고 학교에 갔다. (2007. 1. 18)

798. 하늘의 보물

깨어진 유리병 조각처럼 날카로운 것이 항상 내게 달라붙어 다녔다. 예리한 칼보다 더 위험하게 여겨져 자나 깨나 신경이 쓰였다.

어떻게 하든지 그것을 떨쳐버리고자 뛰어보기도 하고 심하게 흔들어보기도 했다. 하지만 아무리 애써 봐도 허사였다. 그러면 그럴수록 오히려 더욱 달라붙어 결국은 포기하기에 이르렀다.

"그래, 이것도 주님이 주신 십자가인지 몰라. 그렇다면 떨쳐버리려고 노심초사할 게 아니라, 오히려 나 스스로 품도록 노력하자. 다치면 다치고 죽으면 죽으리라."

그리고 병 조각을 끌어다가 오른쪽 손바닥에 올려놓았다. 그러자 그 유리조각이 생전 처음 보는 찬란한 보석으로 바뀌면서 반짝거리기 시작했다.

그때 나는 그것이 세상에서 둘도 없는 하늘의 보물이라는 사실을 깨달았다. 찬란하게 발하는 형형색색의 빛을 사람의 눈으로 볼 수도 없고,

사람의 말로 표현할 수도 없다는 것을 알았다.

그 보물은 민들레 꽃봉오리만 한 둥근 볼 위에 오색찬란하게 빛나는 왕관이 얹힌 모습이었다. 그리고 주변으로 보일 듯 말 듯, 아주 미세한 빛들이 안개처럼 감돌고 있었다. 은은하게 색을 발하며 영롱하게 비치는 그 빛은, 이 세상 어디에서도 찾아볼 수 없었다. (2007. 1. 18)

799. 주님의 일꾼

여럿이 일하는 식당에서 아무도 알아주는 이 없어도, 보이지 않는 후미진 곳에서 묵묵히 일하는 사람이 있었다. 그는 음식찌꺼기가 나오면 우선 동그랑땡을 만들었다.

그리고 남는 것은 피자를 만들었고, 마지막으로 남는 것은 비누를 만들어 재활용했다. 그러고도 가끔 남는 몇 개의 조각들은 그때마다 치워서 늘 청결함을 유지했다.

하지만 그의 모습을 본 사람은 아무도 없었다. 조금도, 심지어 머리털 하나도, 어느 누구에게도 보이지 않았다. 정말 이름도 없이 빛도 없이, 아무 대가도 없이, 흔적도 없이 열심히 일만 했다.

그는 참으로 하나님께서 선히 여기시고 기뻐하시는 주님의 일꾼이었다. (2007. 1. 19)

800. 주의 이름

담보 상태에 놓인 일을 처리하기 위해 먼저 군부대에 의뢰하였다. 그런데 서류를 접수한 사병이 다른 일로 분주하여 또 지체되고 있었다. 그때 옆에 있던 다른 사병이 재촉하여 비로소 그 일이 처리되었다.

하지만 서류를 가지고 어떤 자매와 계약을 체결하기까지 상당한 우여곡절을 겪었다. 그리고 마지막으로 면사무소에서 마무리하려고 했다. 그때 어떤 노인이 어렵게 일을 보고 있어 또 기다릴 수밖에 없었다.

그 노인은 아이들 동화에 나오는 산신령 같았다. 머리털은 붉은색에 가까웠고, 눈썹은 길어 수염처럼 휘휘 감겨 늘어져 있었다.

그때 그 친구라는 다른 노인이 왔다. 그도 수염과 눈썹이며, 이마 위의 동그란 머리 형태까지 붉은 털의 노인과 비슷했다. 다만 머리털 색깔만 검은색이었다.

나는 일이 지체된 탓인지, 아니면 다른 사유가 있었는지 모르지만, 주의 이름을 계속 부르고 있었다.

"오, 주여! 예수여! 나의 하나님이시여! 나의 모든 것이여!"

그러자 옆에서 다소곳이 앉아 순서를 기다리던 자매가 다가와 말했다.

"목사님이시죠? 저 모르시겠어요? 얼마 전에 계약한."

그러고 보니 그 자매가 생각났다. 소심한 내게 먼저 말을 건넨 자매가 참으로 고맙고 반가웠다. 그런데 자매가 옆에 있던 아주머니에게 천 원짜리 지폐 한 장을 주면서 갈비를 주문했다. 그 모습을 보고 의아해서 물어보았다.

"아니, 단돈 천 원으로 어떻게 갈비를?" (2007. 1. 20)

801. 형제의 기도

한적한 해안의 모래사장이 보였다. 소형 항공기 한 대가 날아오더니, 안내자의 지시에 따라 물 위에 사뿐히 내려앉았다. 두 사람이 기다리고 있다가 즉각 항공기를 물속으로 밀어 넣었다. 항공기가 미끄러지듯 물속으로 들어갔다.

그리고 그들도 항공기 꽁무니를 따라 물속으로 들어갔다. 항공기가 열을 받아 폭발할지 몰라 물속에 넣어 식힌 뒤, 항공기 속에 있는 사람들을 구조하려는 듯했다. 얼마 후 그들이 서둘러 항공기를 물 밖으로 끌어냈다.

어느 사무실에서 일하고 있었다. 일을 마치고 퇴근하며 생각해보니 뒤처리가 깨끗지 못했다. 그래서 다시 사무실로 돌아가 마무리하게 되었다.

그때 내 옷가지가 땅에 질질 끌려 귀찮았다. 옷매무시를 가다듬고 사무실에 들어가 보니, 대부분의 사람들이 그대로 앉아 잔업을 하고 있었다.

밤새워 일을 마치고 새벽예배를 인도했다. 옆에 있는 성가대 지휘대를 끌어다가 성경을 펼쳐보니, 한글 성경이 아니라 영어 성경이었다. 평소 내가 메모해 둔 한영 성경으로 바꾸었다.

그때 목사님으로 보이는 형제가 스스로 일어나 기도하기 시작했다. 기도가 길어져서 그사이에 이것저것 준비하였다. 오히려 다행이었다.

그런데 형제의 기도가 마무리되지 않고 침묵이 계속되었다. 그냥 '아멘!'하고 설교를 시작해야 할지, 아니면 어느 정도 더 기다려야 할지 고민이 되었다. (2007. 1. 20)

802. 깊은 발자국

어느 건물 2층에서 창밖을 내려다보니, 어느덧 봄이 성큼 다가온 듯했다. 따스한 햇살에 얼었던 땅이 풀어져 녹고 있었다. 그런데 사람들은 그 사실을 모르고 지나다가 진창이 된 땅에 푹푹 빠졌다. 그래서 평편한 마당에 깊은 발자국이 생겼다.

점심시간이 되자 사람들이 한꺼번에 몰려나가는 모습이 보였다. 그때 먼저 지나간 사람들의 발자국이 보였으나, 그들이 미심쩍어하며 지나다가 여기저기 또 빠지고 있었다.

그러자 마당은 더욱 깊은 발자국으로 얼룩졌다. 진창에 신발뿐만 아니라 양말까지 벗겨진 사람들도 있었다. 어쩔 줄을 몰라 깨금발로 동동 구르며 애태우는 사람도 보였다.

점심시간이 거의 다 지나도록 나는 발길을 떼지 못하고 창가에 서 있었다. 몇몇 동료들의 권유에도 아랑곳하지 않고 무엇엔가 골똘히 생각에 잠겨 있었다.

그러다가 12시 55분이 되어 식사를 하기 위해 발을 옮겼다. 식당이 2개 있었지만 모두 길거리가 있었던바 서둘러야 했다. 그런데 사무실 문을 열고 나가보니, 바로 옆에 배식하는 자매들이 보였다. 늦게 식사하는 사람들을 위해 특별히 음식을 가져온 듯했다.

하지만 거기에도 벌써 10여 명이 줄을 서 기다리고 있었다. 그들 중에 내가 잘 아는 '마지막 수단'과 '준수한 현인'도 보였다. 그들은 나와 가까이 사는 사람들로서 참 좋은 친구였다.

얼마 후 밖으로 나가 화물차를 타고 어디를 향해 가고 있었다. 그 차에 쓰레기 짐칸 같은 것이 달려 있었다. 운전석도 없고 핸들도 없었으며, 모서리에 손잡이 하나만 달랑 있었다. 그 손잡이를 전후좌우로 움직이며 차를 운전했다. 마치 아이들이 타고 노는 장난감 같았다.

그 차 화물칸에 나와 '일어난 현인'이 타고 있었다. 나는 난간을 붙잡고 서 있었고, 그가 운전을 했다. 그런데 뒤를 돌아보며 후진으로 운전했다.

앞을 보지 못하고 뒤로 운전하니 답답하기 그지없었다. 손잡이를 좌우로 움직이며 방향을 잡았으나 마음대로 되지 않았다. 그래서 차는 넓은 도로 위에서 지그재그로 움직였다.

우리가 갈 목적지는 왼쪽에 있었다. 좌회전하기 위해서는 1차선으로 들어가야 했다. 하지만 차는 맨 끝 5차선에서 헤매고 있었다. 보다 못해 내가 운전대를 넘겨받았다.

답답한 나머지 운전대를 잡긴 하였으나 그와 별반 다르지 않았다. 기어도 연하지 않고 뻑뻑했다. 밀면 울컥하고 앞으로 나아갔으며, 당기면 덜컹하고 그 자리에 서곤 했다.

또 손잡이를 옆으로 살짝 밀면 움직이지 않다가, 세게 밀면 아예 한 바퀴 돌아버렸다. 무엇보다도 어려운 것은 역시 차를 후진시킨다는 사실이었다.

"그런데 왜 이 차는 꼭 뒤로만 가는가?"

너무 답답하여 이렇게 중얼거리며 차를 돌렸다. 그러다가 손잡이를 앞으로 쭉 밀어 보았다. 덜커덩덜커덩하면서 앞으로 조금씩 나가기 시작했다.

"앞으로 가잖아! 할렐루야!"

그때 뒤를 돌아보니 마침 적색 신호등이 들어와 차들이 모두 대기하고 있었다. 이때다 싶어 재빨리 5차선에 있던 차를 1차선으로 몰았다. 그리고 좌회전 깜빡이를 넣고 대기하게 되었다.

그러나 손잡이 조작은 여전히 껄끄러웠다. 그럼에도 모든 것이 금방 익숙해질 듯이 보였으며 자신감도 생겼다. (2007. 1. 21. 주일)

803. 반석을 위해

강 건너편의 작은 땅을 샀다. 그 땅은 '반석을 위해'라는 자매의 소유였다. 강 이편에 있는 건물도 샀다. 주인인 '일어난 반석'이 부재중이라 그의 어머니와 계약했다.

자금 사정으로 우선 건물만 사고 땅은 나중에 사기로 했다. 오랜 소원을 이루어 뿌듯한 마음으로 건물을 청소했다. 그때 여러 사람이 찾아와 격려를 아끼지 않았다.

"우선 건물을 샀으니 나중에 땅도 사게 될 거야!"

나도 역시 그들과 같은 생각이었다. 건물을 샀으니 토지를 살 우선권이 주어졌다는 사실을 의심치 않았다.

얼마 후 몇몇 사람에게 공동체 생활을 안내하였다. 그런데 한 형제가 자기주장대로 모든 일을 하려고 했다. 마치 자신이 공동체의 주인인 양 착각하는 듯했다. (2007. 1. 23)

804. 엄청난 시련

1970년 1월 24일, 그러니까 벌써 37년 전의 일이다. 돌이켜보면 그 사고로 죽지 않고 여태껏 살아있는 것도 기적이다. 그때 나는 수차례 죽었다가 살아났다.

왼팔에 식염 주사를 꽂고 오른팔에 혈액 주사를 꽂은 채, 시발택시를 타고 덜커덩거리는 비포장도로를 2시간 넘게 가면서 수차례 사선을 넘나들었다.

그런데 공교롭게도, 오늘 이날 개인워크아웃이 결정되었다. 총액 59,383,445원을 매월 618,577원씩 96개월간 분할 상환하는 조건으로 신용회복위원회와 합의서를 체결했다.

오후에는 동두천에 있는 상가건물을 계약했다. 흰 수염을 적당하게 기른 60세가량의 점잖은 사람이 부인과 함께 나와서 말했다.

"온 가족이 5일간 금식기도하고 보식을 시작한 이 날, 하나님의 영광을 위한 용도로 이 건물을 목사님께 넘겨드리게 되어 정말 기쁩니다."

그러면서 그들은 크리스천이라고 하였다. 자세히 말하지는 않았으나, 떳떳이 밝히기 어려운 교단의 지도자로 여겨졌다. 그리고 내가 목사라는 사실은 중개인이 자기 목적을 달성하기 위해 이용한 것으로 보였다.

나 또한 몇 시간 동안 기다리며 하나님의 뜻대로 이루어지기를 간절히 기도했다. 중개인의 농락으로 내가 당한 것처럼, 그들도 상당한 손해를 본 것으로 여겨졌다.

혹시 다소간의 이익을 보았을 수도 있겠지만, 내 경험으로 미루어보건대, 그것은 정말 희박한 일이었다. 그래서 나는 이렇게 말했다.

"이 일로 다소간의 손해를 보신 것이 있다면 하나님께서 채워주시기를 바랍니다."

　계약을 마치고 나오면서 살아계신 하나님께 감사드렸다. 그들 부부의 말을 들으니 그 건물은 내가 구상하고 있는 공동체 시설로 안성맞춤이었다.

　1층 주차장을 기도실로 개조하여 활용하고, 2층을 예배당으로, 3층의 방 10개와 4층 주택을 생활공간으로 사용하면 아주 적격으로 보였다. 하나님께서 허락하셨다는 생각이 들었다.

　다만 거기서 바로 사역을 시작할지, 아니면 그 건물을 매개로 다른 사역을 할지는 몰랐다. 기도하면서 차분히 기다려보아야 할 것으로 생각되었다.

　하지만 그 건물로 인해 다시 평지풍파가 일어났다. 정말 죽음의 계곡에 빠진 듯, 엄청난 시련이 또 시작되었다. (2007. 1. 24)

제24편

맘몬의
노예

805. 하나의 목표

오직 하나의 목적을 이루기 위해 한 지향점만 바라보며 열심히 일했다. 이윽고 계획한 것이 거의 다 이루어진 듯했다. 전반적으로 검토한 후 교정까지 보았다.

그리고 잠시 머리도 식힐 겸 밖으로 나갔더니 무슨 창고가 보였다. 그 속을 들여다보니 창고마다 하얀 판자때기가 가득 차 있었다. 무슨 건물을 철거하면서 가져다 놓은 듯했다.

성질이 다른 판자가 서로 붙어있는 것이 있는가 하면, 삐죽삐죽 못이 박혀있는 것도 보였다. 그런 자재들이 창고마다 천장까지 가득가득 채워져 있었다.

'이것으로 판잣집을 지어 어르신들을 모시라는 뜻인가?'

이렇게 생각하던 중에 전갈이 왔다. 시골에서 동생과 함께 지내던 할머니가 노인성 질환으로 양다리를 못 쓰게 되었으며, 대소변을 받아낸 지 오래되어 동생이 지쳐간다는 것이었다.

"그렇다면 내가 가서 돌봐드려야 하지 않겠는가?"

그때 한 자매가 내 옆에서 길쭉한 카드처럼 생긴 것을 순서대로 넘기고 있었다. 나는 내 카드가 어디쯤 있는지 궁금하여 눈여겨 지켜보았다.

그런데 카드를 거의 다 넘기도록 내 것이 보이지 않았다. 조바심을 태우며 기다렸더니 마지막에서 2번째 카드가 내 것이었다.

"역시 부질없는 걱정이었어."

그리고 어느 곳에서 정신없이 일했다. 일을 마치고 책상을 치우다가 내 옆에 사람들이 있다는 사실을 알았다. 그런데 그들은 아무 일도 하지 않고 내가 일을 끝내기만 기다리고 있었다.

"나 때문에 모두 기다린 거야? 나는 다른 것은 몰라도 나로 인해 야근하는 것은 절대 용납할 수 없어!"

그때 바깥쪽 건물 벽에 걸린 시계를 보니 밤 9시를 가리키고 있었다. 나는 무슨 일에 집중하면, 거기 온 정신을 쏟아 다른 것을 의식하지 못하는 점이 있다. 그래서 내 주변 사람들이 기다리고 있다는 사실도 몰랐다. (2007. 1. 25)

806. 시험하는 자

'하나님을 위해 돈을 사랑해!'라는 사람과 밀고 당기는 실랑이를 벌이고 있었다. 자칫하면 넘어갈 수밖에 없는 시험을 얼마나 많이 치렀는지, 나도 다 기억하지 못할 정도였다.

그러다 보니 계속된 긴장감으로 매우 지쳐 있었다. 나중에는 '마음대로 해!'라고 하면서 모든 것을 포기하고 싶을 정도로 지긋지긋했다.

"아, 이제는 정말 그 어떤 말도 내 귀에 안 들려!"

그러자 그가 즉시 대답했다.

"그래? 그러면 내가 들리도록 해주지!"

그리고 옆으로 가더니 큰 확성기를 들고 와서 내 귀에다 대고 고래고래 소리를 질렀다.

"이래도 안 들린단 말이냐?"

"그래, 그래도 안 들려! 시끄럽기만 해! 정말 귀찮아!"

"그래? 그러면 할 수 없지. 나도 더 이상 참을 수 없어!"

하면서 확성기를 번쩍 들고 나를 향해 던지려고 했다. 그때 순간적으로 의심이 들었으나 바로 믿음이 솟아났다.

'이것을 피해야 하나? 아니면 그대로 맞아야 하나? 그래, 맞아! 이는 사탄의 최후 발악이야! 주님께서 나를 도우실 거야. 나로 맞게 하지는 않으실 거야!'

그래서 당당하게 일어나 소리쳤다.

"어디 던지려면 던져 보아라! 이 겁쟁이야!"

그러자 그가 비명 같은 외마디 소리를 지르며 정말로 내게 확성기를 던졌다.

"에이!"

잠시 멈칫했지만, 역시 괜찮을 것이라는 믿음이 솟구쳤다. 그대로 꼿꼿하게 서서 똑바로 바라보았다. 그러자 확성기는 개천으로 떨어졌고, 시험하는 자는 종종걸음으로 떠나가 버렸다. (2007. 1. 26)

807. 아버지의 기도

아버지가 많이 편찮았다. 작은 병원에서 치료를 받다가 큰 병원으로 옮겼다. 진료를 마치고 돌아온 아버지가 이렇게 말했다.

"그동안 병원이 나를 속였어! 그 수에 50을 더한 수치가 나왔어. 그리고 의사가 '환자를 속이면 되나? 있는 그대로 다 말씀드리고 사후를 준비하도록 해 드려야지.'라고 하였어."

그리고 강단으로 올라가더니, 거기 엎드려 소리 내어 울며 기도하기 시작했다.

"신이시여! 저를 불쌍히 여겨주소서."

아버지는 신앙심이 거의 없었다. 내가 교회를 창립할 때 와서 예배드린 정도밖에는 교회에 나간 적도 별로 없었다. 그래서 하나님을 그냥 신이라고 불렀던 것이다.

아버지가 진심으로 간절히 기도하는 모습도 생전 처음 보았다. 그때 나는 아버지가 돌아가신다는 것보다 기도하셨다는 사실에 더 큰 의미를 느꼈다.

그런데 실상은, 아버지가 병으로 죽음을 맞이하는 것이 아니라, 예수 믿는 사람에 대한 그 어떤 박해로 돌아가실 처지였다. 아버지는 당장 코앞에 다가온 죽음을 두려워했다. 그래서 내가 이렇게 도와드렸다.

"아버지, 이제 조금도 두려워하실 것이 없습니다. 아버지가 100세까지 사신다 한들, 앞으로 얼마나 되겠습니까? 다만 조금 일찍 천국으로 가신다고 생각하세요.

천국에는 영원히 거하실 집이 있습니다. 얼마 후면 저를 포함하여 아버지의 모든 자녀가 따라갈 것이고, 조금 더 지나면 손자 손녀들까지 모두 할아버지를 뒤따를 것입니다.

더욱이 아버지는 순교자의 반열에 들게 되었으니 얼마나 큰 영광입니까? 신실한 그리스도인의 소망이 순교자의 반열에 드는 것입니다. 하지만 아무도 마음대로 하지 못하는 것이 사실입니다.

그러니 아버지는 정말 복 받은 그리스도인이 되었습니다. 아무것도 생각지 마시고 주님이 인도하시는 대로 천국에 들어가세요. 그곳은 우리가 상상치 못할 정도로 선하고 평화로운 곳입니다."

그러자 아버지는 안도의 숨을 내쉬며 말했다.

"그래."

그때 어떤 영상 안에 팝업(pop up) 화면이 튀어나오듯 새로운 장면이 보였다. 예수님이 강대상 앞에서 말씀하시는 뒷모습이었다. 예수님은 딱 한마디 하셨다.

"내가 너희를 위하여 죽으러 왔노라!" (2007. 1. 26)

808. 기막힌 연기

몸집으로 보나 체력으로 보나 도저히 상대가 안 되는 두 선수가 싸우고 있었다. 역시 작은 선수가 일방적으로 얻어맞고 나가떨어졌다. 작은 선수의 매니저가 들어가 그를 끌어안고 일으켜 세웠다.

그러자 큰 선수가 그들을 한 바퀴 돌아보더니, 왼손은 축 늘어뜨리고 오른손 하나로 작은 선수의 턱을 치켜 올리며 얼굴을 다시 강타했다. 그리고 마지막 한 방을 날리기 위해 작은 선수의 턱을 다시 들어 올렸다.

그때 어디서 왔는지 더욱 작은 꼬마 선수 하나가 나타났다. 그가 왼손을 한껏 뻗어 큰 선수의 턱을 우측으로 돌리더니, 펄쩍 뛰면서 오른쪽 주먹으로 턱을 한 방 강타했다.

그러자 큰 선수가 고개를 갸우뚱하더니 몸을 가누지 못하고 비실비실했다. 그때 다시 한 방을 먹이자, 마치 큰 고목이 쓰러지듯 그가 뒤로 벌렁 나자빠졌다.

그렇게 큰 선수는 땅의 먼지를 두세 번 일으키며 쓰러진 후 다시 일어나지 못했다. 마치 다윗과 골리앗의 싸움을 보는 듯했다. 그때 그 장면이 서서히 멀어지면서 해설자의 음성이 들려왔다.

"저것 보십시오! 매니저와 선수 간의 기막힌 연기가 아닙니까?" (2007. 1. 27)

809. 천상의 음악

지붕 없이 돌담만 쌓은 강가의 간이 변소에서 한 아이의 비명이 들렸다. '병든 나라'가 급히 달려갔다. 혼자서 해결하지 못할 일인 듯, 그의 형에게 빨리 오라고 소리쳤다.

멀리서 지켜보았더니, 돌담 사이에 끼인 풍선이 빠져나오지 않았다. 그런데 뭔가 이상했다. 한 아름이나 되는 큰 풍선들이 줄줄이 묶여 돌담 틈에서 힘겹게 나오고 있었으나, 그 속에 뱀이 숨어있는 듯했다. 언뜻 보면 아무 일이 없는 것 같았으나, 분명히 풍선을 움직이는 이상한 기운이 그 안에 있었다.

얼마 후 그 풍선이 우리 집 벽에서도 빠져나오고 있었다. 옆에서 대수롭지 않게 지켜보고 있던 '병든 나라'에게 소리쳤다.

"그 속에 뱀이 들어있으니 가까이 가지 마! 위험해!"

그러자 그가 멈칫하며 몸을 사렸다. 풍선은 긴 꼬리를 물고 내가 있는 방의 창문까지 다가왔다. 그때 한 아이가 내 방에서 자고 있다가 밖으로 피신했다. 그래서 나와 풍선만 남게 되었다. 곧 한판 전쟁을 치러야 할 것으로 생각되었다.

"예리한 칼로 저 풍선을 터트리면 끝날 거야!"

하지만 그것이 아님을 금세 알아차렸다. 그 풍선은 하나가 아니라 수십 개, 어쩌면 수백 개가 넘을지도 몰랐다. 일일이 다 터트리지 않는 한, 그 풍선을 모두 제거하기는 불가능했다.

"그래, 칼로는 도저히 불가능해! 그렇다면 불이야! 불밖에 없어. 강력한 불을 뿜어 모두 태워버려야 해!"

그리고 3층에서 내려가면서 보니, 3층과 2층 사이 쪽방에서 내 어머니가 짐을 풀고 계셨다. 방금 시골에서 올라오신 듯했다.

그런데 무슨 잔치가 있는 듯 여러 사람이 분주히 움직이고 있었다. 그래서 잠시 살펴보고 2층으로 내려가려고 했다. 그때 어머니가 나를 붙잡더니 자루 하나를 건네주며 가져가라고 하셨다.

"이게 뭔데요?"

그러자 어머니가 자루를 펼쳐 찹쌀과 여러 곡식을 섞어 만든 미숫가루를 보여주셨다. 그리고 그것으로 떡을 찌라고 하셨다. 그때 나는 이런 생각이 들었다.

'아니, 솜씨 좋은 어머니가 떡을 쪄서 내게 얼마를 주면 될 것을 왜 내게 떡을 찌라고 하실까?'

아울러 이런 생각도 떠올랐다.

'그래, 여기에도 분명히 무슨 뜻이 있을 거야!'

그때 환상에서 깨어나 실제로 이렇게 말했다.

"그래요, 알았어요! 감사해요! 고마워요!"

그리고 다시 환상으로 돌아갔다. 내 옆에서 나를 지켜보며 돕는 자매 2명이 있었다. 그들 가운데 하나는 '이기자'였다. 다른 한 자매의 이름은 기억나지 않았다. 하지만 분명한 사실은, 젊고 힘이 세다는 것이었다. 그들 두 자매는 항상 손을 맞잡고 다녔다.

어느 날 나는 또 다른 자매와 함께 있다가 뭐라고 농담을 한마디 했다. 그러자 그들 두 자매가 마치 기다리기라도 했다는 듯이, 쏜살같이 계단으로 올라와 나를 목마 태워 계단을 내려갔다. 그렇게 거의 다 내려가 나를 내려놓았다.

그리고 젊고 패기 넘치는 자매가 내게 노트 한 권을 건네주었다. 궁금하여 펼쳐보니 뭐라 정성껏 씌어있었다. 한 장이 아니라 여러 장이었다.

그 자매는 다소 부끄럽다는 듯이 야릇한 표정을 지으며, 집에 가지고 가서 조용히 읽어보라고 손짓했다. 그래서 노트를 접고 나오면서 보니, 하늘 멀리서 4중창이 울려 퍼지고 있었다.

그 옆에 선 대원들이 사뿐사뿐 몸을 흔들며 코러스를 넣는 모습도 보였다. 그 소리가 얼마나 감미로운지 천상의 음악처럼 들렸다. 조용히 들어보니 찬송가 265장이었다.

"어두운 밤 지나서 동튼다.

환한 빛 보아라 저 빛

주 예수의 나라 이 땅에

곧 오겠네, 오겠네." (2007. 1. 28. 주일)

810. 생각의 함정

어두침침한 건물 안에서 나를 도와줄 사람들이 오기만을 기다리고 있었다. 그런데 그들보다 한발 앞서 나를 해치려는 원수들이 먼저 도착한 듯했다. 그래서 모든 문을 걸어 잠그고 만일의 사태에 대비해 몽둥이를 들고 있었다.

그때 건물 안에 개가 한 마리 있었다. 그동안 잠잠히 있던 개가 밖에 사람들이 온 것을 알고 컹컹대며 내게 달려들었다. 빨리 문을 열어주라고 재촉하는 듯했다.

그래서 그 개가 원수의 편이라고 생각했다. 개에게 밀리면 개밥이 될지 모른다는 생각이 들었다. 사력을 다해 몽둥이로 위협했더니 개가 주춤거렸다. 그리고 꼬리를 내리더니 구석으로 물러가 앉았다.

그사이에 내 등 뒤쪽의 벽을 뚫고 한 청년이 들어와 뒷문을 열어주었다. 그러자 아이들이 한꺼번에 우르르 몰려들었다. 한쪽 구석에 다소곳이 앉아있던 개가 나오더니 꼬리를 흔들며 반가워했다.

그 아이들은 천진난만하고 온순했다. 1965년 미국 영화 '사운드 오브 뮤직'에서, 마리아 수녀에 의해 해맑은 모습으로 길들여진 알프스의 아이들처럼 보였다. 내가 생각한 원수가 아니었다.

그때 청년이 어느 교회에서 왔다고 하면서 명함을 건네주었다. 하지만 나는 여전히 경계를 늦추지 않았다. 반신반의하며 천천히 그에게 다가갔다. 세상에서 워낙 많이 속고 살았던바, 어쩌면 고도의 위장전술인지 모른다고 생각했다.

그러나 한편으로는, 소심한 내가 부질없는 생각의 함정에 빠진 것이 아닌지 심히 의심스러웠다. (2007. 1. 29)

811. 선조의 무덤

선조의 무덤을 찾아 무슨 끈을 연결하는 일에 '돌 싹'이 도와주고 있었다. 그와 함께 산 중턱에 있는 할아버지 무덤으로 내려갔다. 그가 매끈매끈하여 잘 묶이지 않는 끈을 능수능란한 솜씨로 단단하게 묶어 일을 마무리하였다. 마치 갯바위에 걸려 끊어진 낚싯줄을 연결시키듯 했다.

그리고 그가 산을 내려가려고 했다. 하지만 나는 아직도 할 일이 있어 다시 산으로 올라갈 예정이었다. 그때 주변을 살펴보니 한참 더 있어야 날이 샐 듯했다. 그리고 무덤 주변이 어두침침한 데다 분위기도 으스스하여 무서운 생각이 들었다. 그래서 내가 말했다.

"나와 함께 다시 올라가 일을 마치고 같이 내려가자!"

그러자 그 말을 기다렸다는 듯이 그가 두말없이 자리에서 일어났다. 그도 혼자 내려가기가 왠지 꺼림칙했다는 표정이었다.

우리 일은 끝났지만 내친김에 '용기'라는 친구의 일을 도와주고 싶었던 것이다. '용기'의 일은 조상의 무덤을 서로 연결하는 것이었다. 남의 일을 봐주려면 끝까지 깔끔하게 해주어야 한다는 생각이었다.

그래서 우리는 산에 있는 '용기'를 찾아 부지런히 올라갔다. 그가 있는 무덤 가까이 이르자 그제야 동녘이 밝아왔다. 그때 '병든 선'이 털레털레 내려오다가 우리와 마주쳤다. 그도 발걸음을 돌려 우리와 함께했다.

하지만 그는 우리처럼 자원하여 '용기'를 도우려는 것이 아니라 무엇인가 다른 목적이 있는 듯했다. 그래서 그가 '돌 싹'에게 뭐라고 한마디 하면서 나무랐다.

그리고 얼마 후 '동녘의 구름'이 우리와 함께 여행을 떠나려고 했다. 그는 건강이 안 좋아 요양 중이었다. 무리하지 않을까 싶어 걱정되었지만, 너무 답답한 것처럼 보여 승낙했다.

그러자 그가 먼저 길을 나섰다. 한참 가다가 보니 갈림길이 나왔다. 그가 우리를 힐끗 돌아보고 서슴없이 오른쪽 길로 들어갔다.

그때 '용기'는 왼쪽 길을 택했다. 나는 잠시 주춤거리다가 '용기'가 택한 길로 들어섰다. 하지만 불과 얼마 안 가서 왼쪽 길과 오른쪽 길이 서로 만났다.

'동녘의 구름'이 그 길로 나오지 않을까 하여 지켜보았지만, 이미 그 길을 지나갔는지, 아니면 다른 길로 갔는지 나타나지 않았다.

이런저런 생각으로 피곤함을 느꼈다. 삼거리에 있는 나무 그늘에 앉아 잠시 쉬어가려고 했다. 그때 '용기'가 말했다.

"내가 이번에 당첨만 되면 1,000일분의 개밥을 책임지겠다!"

무슨 말인지 몰랐으나 다 부질없는 일 같았다. (2007. 1. 30)

812. 안성맞춤

동두천 상가를 일단 종교단체 명의로 등기했다. 공동체 생활시설로 사용하기에 좋았기 때문이다. 하지만 2월 15일까지 4천만 원을 지급하기로 중개인에게 지불 각서를 써 주었던바, 임대를 놓거나 추가로 자금을 마련해야 했다.

마침 어떤 사람이 내일 만나자고 전화가 왔다. 그런데 누가 사용하든 종교시설로 사용해야 했다. 그래서 마음이 편치 않았다. 이불을 뒤집어 쓰고 기도하기 시작했다.

"참으로 좋으신 하나님 아버지! 주님께서 허락하신 이 건물이 아닙니까? 주님의 뜻이 아니고서야 어찌 감히 4억5천만 원짜리 건물을 제가 인수할 수 있었겠습니까?

등기부 등본을 떼어 보니 제가 사고를 당한 지 37년 만에 주신 은혜였습니다. 여종은 이 건물을 팔아 빚을 갚은 뒤 사역에 전념하자고 합니다.

그렇게 되면 금식기도 가운데 건물을 파신 분의 기대와 공동체 명의로 등기한 것이 마음에 걸립니다. 세를 준다고 해도 다시 클럽으로 사용하게 되니, 그 또한 마음에 걸리기는 마찬가지입니다.

아버지 하나님이시여, 그렇게 되면 취득세 등의 지방세를 납부해야 할 것입니다. 제가 주소를 옮기고 교회로 사용하면 괜찮겠지만, 지금 사정으로는 그게 어려운 입장입니다. 이는 아버지께서도 잘 아시는 바입니다.

하나님 아버지시여! 부디 아버지의 뜻대로 이 일을 마무리하여 주십시오. 매매든 임대든, 다른 어떤 방법이든 아버지의 뜻대로 인도하여 주십시오. 모든 것이 합력하여 선을 이룰 줄 믿습니다.

비록 지금은 그 일을 짐작할 수 없지만, 시간이 지나면 그 모든 과정을 아버지께서 주장하셨다는 사실을 알게 될 것입니다. 확실히 믿어 의심치 않습니다. 감사하옵고 예수님의 이름으로 기도드립니다. 아멘." (2007. 1. 31)

813. 엘리베이터

"오, 주여! 오늘 아침에는 동녘의 태양이 유달리 크게 떠올랐습니다.

앙상한 나뭇가지 사이에서 불타는 쟁반같이 떠올랐습니다. 빛이 오면 어둠이 물러가듯, 모든 아픔과 고통이 사라지고, 온갖 과제와 문제가 해소되는 역사를 보게 하소서."

무슨 잔치에 참석하기 위해 자전거를 타고 급히 달려갔다. 잔칫집에 도착해 보니 어머니가 분주하게 음식을 만들어 손님을 접대하고 있었다. 눈에 보이는 대로 어머니를 도와드렸다.

그때 어머니와 나는 식사할 겨를이 없었다. 식사시간을 한참 넘긴 후에야 비로소 시간이 나서 음식을 먹으려고 했다. 그런데 우리가 먹을 음식이 별로 없었다.

잔치가 끝난 뒤 다시 자전거를 타고 신작로를 달렸다. 안장이 유달리 낮아 시원하게 달릴 수는 없었지만, 그런대로 부지런히 페달을 밟아 집 앞에 도착했다. 집까지 올라가는 방법은 2가지가 있었다. 50계단을 걸어서 올라가는 것과 엘리베이터를 타고 곧장 올라가는 것이었다.

나는 다리가 불편하여 아무 생각 없이 엘리베이터를 탔다. 엘리베이터가 순식간에 올라가 멈추었다. 그런데 엘리베이터 안쪽에 석고보드처럼 보이는 판자때기가 가로막고 있었다.

"아니, 이게 어찌 된 일이야? 이 판자를 넘어야 되잖아?"

그리고 팔을 뻗어보니 판자가 너무 높아 손이 닿지를 않았다. 곧바로 넘어갈 수가 없었다.

"그렇다면, 이 판자를 잡고 기어 올라가야 하겠군!"

하면서 더듬더듬 판자를 만져보니, 판자 왼쪽에 세로로 파인 홈이 군데군데 있었다.

"그렇지, 이 홈을 잡고 암반을 타듯이 올라가면 되겠군!"

하지만 그 홈은 모양만 있었지 실제는 거의 없었다. 손가락 한마디도

들어가질 않았다. 그때 오른쪽 난간 위를 만져보니 손이 미치는 거리에 작은 턱이 있었다.

"그렇군, 바로 이거야! 여기를 잡고 올라가면 되겠군. 내 경험에 의하면, 전에도 가끔 이런 일이 있었어. 이것이 밖으로 나갈 유일한 길이야!"

그러나 그 또한 여의치 못했다. 높이도 높았지만, 손으로 잡는 난간이 미끄러웠기 때문이다. 더욱이 내 팔의 힘도 예전과 같지 않았다. 내 몸 뚱어리를 끌어올릴 수가 없었다.

"아, 이제 어쩐단 말인가? 더 이상 방법이 없으니. 이 벽을 어떻게 넘을 수 있을까?"

하면서 신경질적으로 판자를 잡고 마구 흔들었더니, 난공불락처럼 보이던 그 판자가 순식간에 180도로 휙 돌아섰다. 그리고 출입문이 활짝 열렸다.

그때 밝고 환한 태양 빛이 쫙 비쳤다. 엘리베이터 아래쪽에 푸른 초장처럼 보이는 잔디도 있었다. 즉시 엘리베이터 밖으로 뛰어내렸다. 엘리베이터 문이 다시 닫힐지 몰랐기 때문이다. 그리고 소리쳤다.

"오, 주여! 이 자유! 이 기쁨! 이 평화를!" (2007. 2. 1)

814. 외침과 해방

거의 같은 시간과 장소에서 매일 한 태양을 바라보았지만, 오늘은 왠지 색다른 모습이었다. 색깔도 붉지 않고, 모양도 둥글기보다는 오히려 이글거리며 타오르는 불덩어리 같았다. 게다가 유달리 밝고 환했다. 이는 내가 모르는 자연 현상일 수도 있지만, 내게 다가오는 의미는 특별하였다.

어느 기관에서 무슨 목적으로 실시한 것인지 알 수는 없었지만, 나는 이틀간에 걸쳐 교육을 받았다. 둘째 날 마지막 시간이 끝나자 곧바로 시험이 있었다. 그리고 수료식이 거행되었다.

직원들이 분주히 움직였다. 한 사람은 강사의 마이크를 넘겨받아 시험과 수료식에 대해 안내를 하였으며, 다른 한 사람은 부지런히 칠판에다 문제를 쓰고 있었다.

그 내용을 보니 2가지 질문이었다. 하나는 4대 외침(外侵)에 관한 것이었고, 다른 하나는 36년간의 일제강점기에 관한 것이었다. 4대 외침에 대한 답은 기억나지 않았으나, 일제강점기에 대한 답은 금방 알 수 있었다. 삼척동자도 알 수 있는 '8·15해방'이 그 답이었기 때문이다.

그때 강단 오른쪽에 있던 형제와 자매가 콤비를 이루어 활기찬 음악을 연주하기 시작했다. 특히 형제가 연주하는 작은 나팔은 무슨 짐승의 뿔로 보였다. 아주 특이하게 생겨 사람들의 눈길을 끌었다.

"빰바 빰 빰 빰 빰 빠아~ 빰…."

어디서 많이 들어본 곡조라는 생각이 들었다. 조용히 들어보니 찬송가 402장이었다.

> "행군 나팔 소리로 주의 호령 났으니
> 십자가의 군기를 높이 들고 나가세.
> 선한 싸움 다 싸우고 의의 면류관
> 의의 면류관 받아 쓰리라.
> 선한 싸움 다 싸우고

의의 면류관 예루살렘 성에서…." (2007. 2. 2)

815. 오직 믿음

혼히 있을 수 있는 일이지만, 오늘은 구름 속에 갇힌 해가 너무 답답했다. 그러다가 잠시 구름 밖으로 나온 해를 보니 아주 소중하다는 생각이 들었다. 매일같이 보는 햇빛이런만, 구름 속에 갇혔다가 나온 광명이 더욱 귀하게 느껴졌다.

크고 둥근 보라색 크리스털 용기에 들어가 있었다. 갇혀 있었는지 그냥 있었는지 모르지만, 나 외에 한 사람이 더 있었다. 그때 우리 뒤쪽에서 물이 '쏴아!' 하고 흘러들었다.

"아니, 물이잖아?"

그때 순간적으로 이런 생각이 들었다.

"어디선가 구멍이 뚫어져 물이 새나가지는 않을까?"

하면서 살펴보았으나 구멍은 어디에도 없었다. 그래서 일단 안도했더니, 또 이런 생각이 들었다.

"물이 새나가지 않는다면 물이 찰 텐데, 이 속에서 익사하지는 않을까?"

하면서 구멍이 없는가 하고 살펴보았지만, 구멍은 어디에도 없었다. 그때 다시 물이 '쏴아!' 하고 밀려 들어왔다. 일정 시간을 두고 반복해서 물이 들어오고 있었다.

"아, 이거야말로 정말 난처한 일이구나! 물이 새나가는 것도 아깝지만, 물이 빠지지 않고 차면 물귀신이 될 게 아닌가?"

하지만 그것은 기우였다. 우리가 미처 생각지 못한 놀라운 사실이 있었다. 수정같이 맑은 물은 계속해서 들어왔고, 반들반들한 크리스털 용기는 더욱 깨끗하게 유지되었다.

물이 빠져나갈 구멍은 없었지만, 분명히 물은 고이지 않았다. 모든 것이 적당하게 들어오고 적당하게 증발했기 때문이다. 하지만 우리는 그 과정을 볼 수도 없었고 알 수도 없었다.

그때 나는 아무것도 아는 게 없다는 사실이 괴로웠다. 그저 답답하고 불만스러웠다. 하지만 얼마 후, 그 무지가 오히려 나를 편하게 한다는 사실을 깨달았다.

모든 것을 알고 믿는 것보다, 모르면 모르는 대로 두고 믿는 것이 더 좋았다. 알고 믿는 것보다 믿고 아는 것이 훨씬 더 자유로웠다. 이성적 지식이나 감성적 느낌이 아니라, 영성적 믿음이 우선이었다. (2007. 2. 5)

"복음에는 오직 믿음으로 하나님과 올바른 관계를 갖게 된다는 사실이 나타나 있습니다. 이는 '의인은 믿음으로 살 것이다.'라는 말씀과 같습니다. (로마서 1. 7)"

816. 기도대장

오늘은 다소 늦게 일어나 광야로 나갔다. 봄이 성큼 다가온 듯 따스함을 느꼈다. 하지만 늘 나와 마주치던 태양은 어디로 숨었는지 흔적도 보이지 않았다.

하지만 분명한 사실은, 예나 다름없이 동녘은 밝았으며 빛이 이르렀다는 것이다. 다만 그 본체가 구름에 가려서 잠시 보이질 않았을 뿐이다.

동두천 상가의 전기 공사를 마치고, 수도 공사, 보일러 공사, 도시가스 공사까지 업체를 불러 맡겼다. 공사비가 만만치 않았다. 그때 상가 옆 구멍가게 주인이 책임지고 매매를 알선하겠다고 하면서 돈을 빌려달라고 했다. 급한 나머지 그 요구를 들어주었다.

그런데 매매는 물론이고 임대차도 답보상태를 보여 초조해지기 시작했다. 그래서 요즘은 밤잠도 제대로 못 자고 천정만 바라보기 일쑤다.

그러다가 꿈을 꾸었다. 몇 자매가 힘을 모아 동두천 상가를 매입했다. 그런데 소유자를 보니 역시 교회였다. 교회에서 교회로 명의가 바뀌었다. 얼마나 기쁜지 뭐라고 말할 수 없었다.

대표자가 누군지 궁금하여 등기부 등본을 떼어보니 '최고의 기도대장'이었다. 하지만 그는 자기의 명의로 그 건물을 취득할 때까지 전혀 모습을 보이지 않았다. 처음부터 끝까지 모든 일을 자매들이 수행했다.

'최고의 기도대장'이 과연 어떤 사람인지 한번 만나보고 싶었다. 하지만 그럴 수가 없었다. 그가 올 일도 없었고, 올 의향도 없었으며, 오게 할 명분도 없었기 때문이다. 그가 정말 부러웠다.

'빛의 순종'이라는 자매가 능수능란한 솜씨로 상당한 양의 문서를 작성했다. 문서가 완성되자 결재가 났다. 그때 나는 왕 같은 분 앞에서 그 문서를 검토하고 있었다.

그런데 문서 표지에 무엇인가 수기로 씌어있는 글이 있었다. 그래서 아쉽다면 그것이 아쉽다고 하였더니, 왕은 다소 불만스러운 듯 이렇게 대답했다.

"그러면 다시 하도록 하지 뭐."

그래서 나는 다시 한 번 그 문서를 쭉 훑어보았다. 그런데 이미 기안자로부터 최종 결재권자까지 모든 인장이 찍혀 있었다. 문서 내용도 특별한 하자가 없었다. 그래서 말했다.

"이미 결재가 나서 종결되었습니다."

그러자 왕은 더 이상 아무 말도 하지 않았다. 그런데 그 문서의 표지에 날인된 인장이 특이했다. 맨 안쪽 일부분이 글씨가 아닌 것이 붉게 찍혀 있었고, 가운데는 글씨가, 그리고 테두리에도 글씨 아닌 것이 찍혀 있었다.

그래서 언뜻 보면 동그라미 3개가 나란히 그려진 듯했다. 그런 인장은 생전 처음 보았다. 어쩌면 내 앞에 있는 왕보다도 훨씬 더 높은 왕, 왕 중의 왕이 사용하는 인장인지 모른다는 생각이 들었다. (2007. 2. 6)

817. 흉측한 아이

내가 벗어놓은 옷 속에 뱀이 숨은 듯했다. 찢어진 뱀의 허물이 그 옆에 있었던바, 자세히 모르긴 하여도 한동안 덩치를 키운 것으로 짐작되었다. 어쨌든 뱀이 나타나기만 하면 요절을 내려고 단단히 각오하며 지켜보았다. 하지만 뱀은 나타나지 않았다.

몰골이 흉측한 아이가 있었다. 바싹 마른 몸에 살이 썩어 허물어지는 나무토막 같았다. 체구는 어린아이보다 작았으며 생김새는 SF 영화에서나 볼 수 있는 ET처럼 보였다. 얼굴과 이마에 검은 반점이 많고 몸은 상처투성이였다.

그 아이가 내 옆에 있다가 나를 보더니 아버지라고 불렀다. 측은한 마음이 들어 아이 팔을 잡고 들어보았다. 말라비틀어지고 갈기갈기 찢어진 피부에, 군데군데 구멍이 뚫어져 있었다. 마치 지푸라기 인형에 생명이 들어있는 듯했다.

그리고 얼마의 시간이 지났는지 모르지만, 어렵고 힘든 가운데 모든 일이 마무리된 듯했다. 그때 내 입에서 감격의 환성이 튀어나왔다. 얼마나 기뻤는지 현실로 돌아와 실제로 소리쳤다.

"OK!" (2007. 2. 7)

818. 병든 돈

오전에 기독교 복지시설 '평화의 집'을 방문했다. 교회 목사님과 장로님, 그 공동체 목사님의 형인 집사님이 함께했다. 예수나라 운영규정이 거의 마무리되어 교리와 교훈을 만들려고 자료를 수집하던 차, 현장을 답사하여 여러모로 도움이 되었다.

오늘 오후에 만나 동두천 상가를 계약하기로 어제저녁 약속했다. 그런데 '평화의 집'을 방문하고 있을 때 중개인의 전화가 왔다. 전전 주인의 전화가 2번이나 왔다고 하면서, 세를 놓을 수 없다고 했다.

사유인즉, 상가건물에 설정된 융자금을 승계한 뒤 세를 놓아야지, 그렇지 않으면 영업을 못 하게 하겠다고 협박했다는 것이다.

중개인이 전화를 끊자 바로 전전 주인의 전화가 왔다. 월요일까지 대출금을 승계하지 않으면 화요일에 건물을 압류하겠다고 했다. 시간을 좀 달라고 했더니 안 된다고 하면서 지금 당장 하라고 했다.

참다못해 너무 협박하지 말라고 했더니 목사가 어찌 그런 말을 하느냐고 따졌다. 정말 너무한다는 생각이 들었다. 건수를 잡아 돈을 뜯어내려고 한다는 전 주인의 말이 떠올라 겁이 덜컥 났다.

그래서 즉시 대출 은행에 전화했다. 서류를 준비하여 내려가려고 하였으나 예상 밖의 난처한 일이 생겼다. 그 대출은 개인의 경락잔금인바, 종교단체의 승계는 불가능하다고 했다. 뿐만 아니라 교회 대출은 아예 취급하지 않는다고 했다.

비장한 마음으로 상가 옆 슈퍼 주인에게 갔다. 다소 손해를 보더라도 되팔아보기 위해서였다. 그런데 그가 다른 부동산에서 사람들이 가면, 고춧가루를 뿌려 흥정을 깬다는 말이 들렸다.

게다가 그는 자기가 아니면 그 건물을 팔지 못할 뿐만 아니라, 흉가라고 소문을 내서 아예 못 팔게 한다고 협박을 했다. 나중에 안 일이지만, 그는 정말 보통내기가 아니었다.

그때 나는 그가 내 어려움을 최대한 이용하고 있다는 사실을 알았다. 중상모략과 권모술수가 판치는 세상 속에서 최대한 이득을 챙기려고 한다는 느낌이 들었다.

그리고 그는 거래를 성사시키기 위해 상대방에게 거짓말을 해야 한다고 노골적으로 말했다. 그러면서 자기가 책임지고 팔아줄 테니, 150만 원만 더 빌려달라고 했다.

내가 어려움을 피력하자 또 무엇인가 이용하려는 낌새가 보였다. 세상은 정말 사탄이 주장하는 무서운 곳이라는 생각이 들었다. 그러나 그가 방해하면 모든 것이 어려울 것으로 보였다. 울며 겨자 먹기로 그의 요구를 들어주기로 했다.

이 모양 저 모양으로 사탄의 방해가 심하다는 사실을 깨닫고 잠자리에 들었다. 그때 다리가 저리기 시작했다. 기도했다. 도저히 참기 어려웠다. 3가지 약을 단번에 먹고 다시 2알을 더 먹었다. 그래도 듣지 않았다. 또 한 알을 먹었다.

그러자 속이 쓰리기 시작했다. 두유를 마시고 다른 진통제를 한 알 더 먹었다. 그렇게 씨름하다가 보니 어느새 새벽이 되었다. 그때 환상이 보였다.

'병든 돈'이라는 사람이 돈 많은 여자만 골라서 놀아나고 있었다. 어느 날 그가 다시 한 여자를 불러냈다. 다소 뚱뚱한 부인이었다.

그 여자가 자기 방에서 거실로 나오더니, 사람들이 지켜보는 가운데 '병든 돈'과 노골적으로 음란한 행위를 하였다. 이리저리 나뒹굴며 정말 보기에 낯 뜨거운 행동을 했다.

그리고 여자가 잠시 떨어져 숨을 돌리더니, 치마 속으로 손을 넣어 팬티를 끌어올리며 '병든 돈'을 크게 나무라는 모습이 보였다.

"이렇게 해도 되는 거야?"

그때 알람이 울렸다. 너무 피곤하고 힘들어 한숨 자고 일어나려고 다시 자리에 누웠다. 그러자 새벽기도를 드리지 못하게 하는 것도, 사탄의 또 다른 방해공작이라는 생각이 들었다. 자리에서 벌떡 일어나 기도하기 시작했다.

그리고 보니 내가 동두천 상가를 인수한 후, 주의 일은 뒤로하고 그 일에 너무 집착한다는 생각이 들었다. 주님의 책망이 심하게 들리는 듯했다. 크게 뉘우치고 회개했다.

그동안 정말 정신없이 너무 큰일을 저질렀다는 생각이 들었다. 그래서 엄청난 고통을 자초한 것으로 보였다. (2007. 2. 8)

819. 하나님의 나라

이런저런 압박과 시달림 속에서 한 주간을 보냈다. 여러모로 어려움이 많아 밤잠을 설쳤지만, 그 가운데서 역사하시는 하나님의 사랑을 느낄 수 있었다.

하나님께서 선하신 뜻을 이루시기 위해 사람 막대기와 인생 채찍을 사용하신다는 말씀이 실감 났다. 이 사람 저 사람에게 무차별적으로 시달리게 하시다가, 막다른 골목에서 회개하게 하시고 길을 열어주셨다.

하나님의 사랑 안에서 모든 것이 합력하여 선을 이루신다는 말씀으로 위로받았고, 우리가 빗나가는 만큼 그에 따른 어려움이 클 수밖에 없었다.

하나님께서 그렇게 해서라도 우리를 하나님의 나라로 인도하시니 얼마나 다행한 일인가? (2007. 2. 10)

820. 항상 섭리

"지지배배, 지지배배, 지지배배…."

뒤뜰에서 재잘거리는 새소리를 듣고 자리에서 일어났다. 반가운 소식을 전해준다는 한국의 새, 까치 소리도 듣기에 좋았다. 정말 봄이 성큼 성큼 다가오는 듯했다.

오늘은 날씨가 유달리 좋았다. 오랜만에 구름 한 점 없었다. 샛노란 태양이 이글거리며 솟아올랐다. 들판도 새하얀 서리로 단장을 하고 나를 기다렸다.

신작로를 알몸으로 엉금엉금 기어서 건너가고 있었다. 자동차 3대가 지나갈 수 있는 3차선 도로였다. 얼마 후 한숨 돌리는가 싶었다.

"어휴, 이제 거의 다 지났겠지."

그리고 옆을 보니 오른쪽 어깨 위에 엄청나게 큰 타이어가 있었다. 막 출발신호가 떨어진 듯 바퀴가 움찔했다. 저 높은 곳에 앉은 기사가 바퀴 아래 있는 나를 보지 못하고 그냥 지나간다면, 나는 쥐도 새도 모르게 쥐포가 될 듯했다.

"에이, 아직 내가 여기 있다니!"

그때 내 몸을 왼편으로 힘차게 한 바퀴 굴리면 그 무시무시한 바퀴에서 벗어날 수 있을 것 같았다. 하지만 그럴 수가 없었다.

"그러면, 내 뒤에 따라오는 자매는? 나는 살겠지만, 자매는 죽을지 몰라! 그래서는 안 되지, 안 되고말고! 죽어도 같이 죽고 살아도 같이 살아야지! 혹시 사이드미러를 통해 우리가 바퀴 아래 있다는 사실을 기사가 보고 있을지 몰라! 나만 튀어나가면 사람이 더 이상 없는 줄 알고 그냥 앞으로 나아갈 수 있어!"

그리고 애물단지로 전락한 동두천 상가와 관련하여, '항상 섭리'라는 주의 종과 대화를 나누었다. 모든 일이 하나님의 뜻대로 잘 마무리될 듯 그가 이렇게 말했다.

"'소망의 집'은 목사님이 세우시고, 이 건물은 '공평의 집'으로 하는 것이 좋겠습니다." (2007. 2. 11. 주일)

821. 마귀의 덫

누가 내 뒤에서 오른쪽 옆구리를 쿡쿡 찔렀다. 돌아보니 원수가 지팡이로 나를 찌르고 있었다. 한방 갈기고 싶어 돌아섰더니 인상을 찌푸리며 더욱 세게 찔렀다.

'그래, 정면으로 대응하는 것은 어리석은 일이야. 저렇게 악을 쓰고 들이덤비는 원수와 맞서면 나만 더 힘들 뿐이야. 그러니 저 원수에게 굴복하는 척하자. 그러다가 왼쪽으로 살짝 돌아서 버리자. 그러면 원수가 자기 힘에 의해 앞으로 거꾸러질 거야. 그때 달려들어 짓밟아 버리자.'

동두천 상가의 전전 주인에게 양해 서신을 보냈다. 오늘까지 채무승계를 마치지 않으면 법적 절차에 들어간다는 최후통첩을 받았기 때문이다.

전 주인의 재촉도 계속되었다. 다른 방법이 없으니 오늘 당장 소유자의 명의를 바꾸어 채무를 승계하라는 것이었다. 중개인에게도 2월 15일까지 나머지 돈을 차질 없이 갚으라는 독촉을 받았다. 그야말로 진퇴양난에 빠져 사면초가의 신세가 되었다.

게다가 상가 옆 슈퍼 주인은 대놓고 돈을 빌려달라고 협박했다. 처음에는 내가 도리어 사정을 좀 봐달라고 했지만, 그의 끈질긴 협박과 공갈에 결국은 굴복하고 빌려주겠다고 약속했다.

나중에 알고 보니, 내가 또 사탄이 파놓은 함정에 빠졌던 것이다. 하나님의 뜻이 아니라 마귀의 덫이었다. 깊은 상처를 입고 헤매던 짐승이 사냥꾼의 올무에 다시 걸렸던 것이다.

그때 갑자기 배가 사르르 아프기 시작하더니 쉽게 가시지를 않았다.

(2007. 2. 12)

822. 입구와 출구

앞에 입구가 보이지 않아 뒤로 돌아가 보았으나 역시 길은 없었다. 한군데 입구로 보이는 곳이 있기는 하였으나 아예 바리케이드를 치고 자물쇠로 채워놓았다.

그러나 출구로 보이는 길은 활짝 열려 있어 극명한 대조를 이루었다. 모든 것을 포기하고 시원스럽게 빠져나가고 싶었지만, 그럴 수 없어 답답하기만 했다. (2007. 2. 13)

823. 맘몬의 노예

'오늘이 있어 감사하다. 어느 누구 말대로, 이미 죽은 자들이 그토록 살고 싶어 하던 날이 아닌가? 오늘만큼은 누가 뭐래도, 우리 주 예수 그리스도 안에 있는 참 자유와 평화를 누리고 싶다. 내 모든 생각과 근심

을 내려놓고 오늘만은 편히 쉬리라. 내일 일은 내일이 하리라.'

이렇게 다짐하고 또 다짐했건만, 냉혹한 현실 앞에 다시 무릎을 꿇을 수밖에 없었다. 결국은 생병이 나고 말았다. 전전 주인과 전 주인의 채무 승계 촉구, 중개인의 땅값 독촉, 슈퍼 주인의 돈 빌려달라는 협박이 나를 너무 힘들게 했다.

해결책은 건물을 되파는 수밖에 없었다. 울며 겨자 먹기 식으로 슈퍼 주인의 협박을 들어주었다. 현금서비스를 받아 2차례에 걸쳐 120만 원 과 150만 원을 건네주었다. 그는 한 팔이 없고 한 다리를 못 쓰는 장애인 이었다.

너무 신경을 쓰다가 보니 속이 쓰리고 더부룩하여 음식을 먹기도 어려 웠다. 활명수를 마셔도 효과가 없었다. 밤이 깊었지만, 더욱 심하여 위장 약을 사다 먹었다. 그리고 겨우 잠을 청할 수 있었다.

위장약을 먹고 오전 내내 잤더니 몸이 한결 가벼웠다. 내가 병들었다 는 소식을 듣고 중개사 장로가 기도하라고 격려하였다. 주의 종을 하나 님이 그대로 놔두겠느냐고 했다.

그때 나를 보니 나도 모르게 맘몬의 노예로 살고 있었다. 비참한 현실 앞에 내가 너무 밉고 서글펐다. 이 모든 것이 부질없는 욕심 때문에 발 생한 자업자득이 아닌가? 산 자보다 죽은 자가 복되다는 전도자의 말이 생각났다.

기도하는 가운데 차를 몰고 어디를 가고 있었다. 길 복판에 작은 나무 들이 빼곡히 심겨 있었다. 얼마 후 삼거리가 나왔다. 왼쪽은 출구, 오른 쪽은 입구로 보였다.

그런데 느닷없이 오른쪽 입구에서 차가 달려 나오고 있었다. 그래서 나는 나무 옆에 서서 그 차가 지나갈 때까지 기다릴 수밖에 없었다. 그 차를 보고 언뜻 생각이 났다.

'나도 저 차처럼 왼쪽 출구로 역주행하여 들어가면 어떨까? 아니지, 무슨 생각을 그렇게? 그럴 수 없어. 큰일 날 일이야!'

하면서 기다렸더니, 왜 그리 시간은 길고 차는 더딘지 모든 것이 짜증스러웠다. (2007. 2. 14)

여호와의 말씀이다. "추수가 끝나면 땅을 갈아야 하고, 씨를 뿌리면 포도를 짜야 할 것이다. 산마다 단 포도주가 나와 모든 언덕에 흘러넘칠 것이다." (아모스 9. 13)

824. 거듭난 새것

속 쓰림이 지속되어 위장약을 먹었더니 그런대로 많이 회복되었다. 내 사정과 형편을 돌아보니 그야말로 기도밖에는 아무것도 할 것이 없었다.

기도하면서 '복음의 진리'를 자신 있게 전할 능력이 필요하다는 사실을 깨달았다. 이는 오래전에 받은 영감이었으나 오늘 다시 새롭게 다가왔다.

체력은 뚝뚝 떨어지고 몸은 점점 쇠약해짐을 느꼈다. 내 인생 여정도 그리 많이 남지는 않은 듯했다. 자정이 지나 2시가 가까웠다. 불을 끄고 자리에 누웠다.

"그래, 세월을 아껴야 해. 나도 달려갈 길을 거의 다 가고 있어!"

'바른 방식'이 윷을 놓을 차례가 되었다. 그는 윷놀이하는 사람들 중에서 내가 아는 유일한 사람이자 절친한 친구였다. 조마조마한 가운데 드디어 윷을 던졌다. 가장 나오기 힘들다는 윷이 나왔다. 기쁨이 넘쳤다.

그가 다시 윷을 던졌다. 윷짝 하나가 모로 세워졌다. 걸인지 윷인지 금방 판정이 나질 않았다. 옥신각신하다가 결국은 다시 윷으로 결정되었다.

"할렐루야!"

그때 환성이 터져 나왔다. 그가 또 윷을 던졌다. 이번에는 개가 나왔다. 그래서 '바른 방식'은 단번에 열 밭을 나아가 뒷모로 세워졌다. 비록 돌아가기는 하였으나 더욱 안전하게 가는 길이었다.

'거듭난 새것'이 예수님을 영접하자 그 주변의 사람들도 예수님을 믿겠다고 나섰다. 처음에는 반신반의하였으나 그들의 믿음은 호기심에서 비롯된 것이 아니었다. 그 믿음이 지속되었기 때문이다.

그런데 자세히 보니 그들은 잘 익은 은행이었다. 얼마의 시간이 지났는지 모르지만, 한참 후에 다시 보아도 그들은 여전히 은행으로서, '거듭난 새것' 앞에 일렬로 서 있었다. 그러다가 살을 모두 벗어버리고 앙상한 몸으로 있었다. 그리고 몸을 잘 씻어 말린 듯 댕그랑댕그랑 소리가 났다.

그 은행 옆에 있는 또 한 부류의 사람들은 항아리였다. 그들 또한 물로 속을 깨끗이 씻은 듯했다. 그 속을 들여다보니 정말 잘 닦아진 빈 항아리였다.

그러나 그들에게서 무엇인가 좀 부족하다는 느낌을 받았다. 은행은 색도 예쁘고 탐스러웠지만, 아무짝에도 쓸모없는 껍질과 지독하게 풍기는 냄새가 있었다.

또 속을 말끔히 비우고 잘 씻어놓은 항아리 역시 언뜻 보면 준비된 그릇으로 보였지만, '거듭난 새것'과는 어딘가 모르게 부족함을 느꼈다.

"그래, 바로 그거야! 물로 씻어 냄새나는 살을 벗은 은행도 다시 한 번 딱딱한 껍질을 깨뜨려야 해! 겉도 벗고 속도 깨야 해. 부드러운 살을 벗을 때는 물이 필요했지만, 딱딱한 껍질을 깰 때는 불이 필요해.

살과 껍질을 모두 벗어야 비로소 알짜가 나오는 것을! 겉보기에 아무리 좋아 보이는 열매도, 속보기에 아무리 그럴싸하게 보이는 알맹이도, 그것은 모두 위장된 포장이었어!

그래, 맞아! 바로 그거야! 물로 말끔히 씻어놓은 빈 항아리도 다시 한 번 짚불로 속을 태워야 해. 그런즉 누구나 불이 필요해, 불이! 성령의 불이!"

그때 위장된 살과 껍질로 포장된 은행이 누군가를 위해 준비된 듯했다. 자기 허울을 모두 벗어버리고 파란 알몸을 드러낸 모습이 더욱 귀하게 보였다.

또 자기 몸속을 깨끗이 씻은 항아리도 무엇인가 담기 위해 예비한 그릇으로 보였다. (2007. 2. 15)

825. 맘몬의 우상

동두천 상가의 매매도 그렇고 임대도 답보상태를 보였다. 가스보일러 용량이 커져 3대 값이 2대로 대체되어 온수 보일러 1대가 추가로 설치되고, 샤워기 4개가 모두 얼어 터져 새로 교체되고, 원터치 수도도 4개 중 3개나 터져 그 비용이 추가되었다.

가스공사비 325만 원과 수도공사비 500만 원을 우선 지급하였다. 나머지 공사비 250만 원과 추가 비용은 설 이후로 미뤘다. 그즈음 어머니가 집을 팔아 상당한 돈을 보태주었기 때문에 그 비용을 충당할 수 있었다.

이런저런 일로 많은 돈이 들어가기는 하였으나 여러모로 많은 것을 배우게 하시고, 앞으로 무슨 일을 하게 될지 모르지만, 다소간의 보탬이 되리라는 생각이 들었다.

오후에 틀림없이 임대차 계약을 한다는 중개인의 말을 듣고 아이들만 시골로 보냈다. 그리고 오후 내내 기다렸으나 소식이 없었다. 다시 한 번 자세히 알아보고 계약하겠다고 하면서 또 미루었다. 벌써 4번째다.

이미 지칠 대로 지쳐서 모든 것이 짜증스러웠다. 정말 갑갑하고 답답했다. 하려면 하고 말라면 말라고, 화통하게 딱 잘라 말하라고 하면서 전화를 끊었다.

이렇듯 나는 맘몬의 우상에 코가 꿰어 죽는 날까지 고단한 여정을 계속할 수밖에 없었다. (2007. 2. 16)

826. 쓰디쓴 잔

이런저런 생각이 오락가락하는 가운데 자리에 들었다가 하나님의 계시로 보이는 꿈을 꾸었다.

아버지가 나를 보고 민망히 여기시며 우셨다. 내 뒤에서 몸을 돌려 한없이 울고 계셨다. 하지만 그 소리는 전혀 들리지 않았다. 마음으로 우셨기 때문이다. 느낌으로 알 수 있었다.

또 건너편에서 내 내조자로 보이는 자매도 소리 없이 울고 있었다. 그때 나는 내 앞에 놓인 쓰디쓴 잔을 마시고 눈시울을 붉혔다. 금방 눈물이 왈칵 쏟아져 내릴 듯했다.

그리고 007가방에 짐을 챙겼다. 작은 가방이 하나 더 있었다. 지퍼를 열어보니 깨끗이 정돈되어 있었다. 다행히 007가방에 작은 가방이 들어갈 공간이 있었다. 007가방 하나로 짐 챙기기를 마쳤다.

간단한 장비를 몸에 달고 물 위를 달리기 시작했다. 내 발이 노였고 키였다. 프로펠러는 등 뒤에 따로 달린 듯했다. 물에 들어서자 순풍에 돛 단 듯 앞으로 쭉쭉 나아갔다.

그때 물 위에서 개구리가 작은 뱀을 잡아먹고 있었다. 그중에서 한 마리가 내 발에 걸려 걷어차 버린 것 외에는 아무 장애물이 없었다. 다른 어떤 배나 사람들보다도 뒤지지 않고 앞으로 또 앞으로 거침없이 나아갔다. (2007. 2. 17)

827. 불행의 근원

오늘은 주일이자 설날이다. 올해는 모든 것을 주님께 맡기고 사역에 전념해야 한다. 내가 만든 규정을 스스로 지키지 않고서야 어떻게 공동체를 바로 세울 수 있겠는가? 특히 생활수칙과 예배원칙 등을 지키는 일에 모범이 되어야 한다.

"벗을까? 앉을까?"

하고 물었더니 그냥 앉으라고 하였다. 그래서 의자에 편히 앉아 구두를 닦았다. 수선공이 구두 옆에 댄 조각을 잘라내고 다시 원형대로 기우려 하다가, 가죽이 축 늘어져 흐늘흐늘한 것을 보고 말했다.

"이런, 너무 많이 낡았군! 되겠는가 모르겠어!"

그리고 교감으로 있다가 교장으로 승진하여 부임했다. 그가 나 자신인지 다른 사람인지 확실치 않았다. 그때 내 옆에 있던 사람이 여러 가지로 권면하며 이렇게 대답했다.

"이젠 정말 더 이상 욕심내지 않기로 했다네."

그때 비로소 이 세상 모든 불행의 근원이 부질없는 욕심에서 비롯된다는 사실을 깨달았다. (2007. 2. 18. 주일)

제25편

광야의
단비

828. 그래프

무슨 그래프 하나가 보였다. 좌측 중간쯤에서 시작하여 약간 올라갔다가, 심하게 내려갔다가, 어느 정도 다시 내려갔다가, 조금 올라갔다가, 다시 약간 내려간 곡선 그래프였다.

어쩌면 동두천 상가를 나타내는 것인지도 모른다는 생각이 들었다. 1억7천에서 1억5천으로 내려갔다가, 1억3천으로 낮춰도 팔릴 기미가 없었다. 이는 사실상 손익 분기점이었다.

어떤 사람이 어느 지역을 3명에게 맡겨 통치하도록 했다. 그러나 그들은 감당할 능력이 없었다. 후임자를 찾고 있었지만 여의치 않았다. 내가 옆에 있다가 말했다.

"그들에게 다시 한 번 맡겨보심이 어떠신지요?"

"나도 그러고 싶지만 달리 방법이 없단다."

그때 후임자로 보이는 사람들이 나타났다. 그런데 그들은 모두 장애인이었다. 한 사람은 다리를 못 썼고, 한 사람은 팔을 못 썼다. 그리고 한 사람은 보이지 않아 물어보았더니, 얼마 전에 눈을 다쳐 나오지 못한다고 했다.

"정말 안타까운 일이네. 어쩌다 저들이 모두 저렇게 되었을꼬?"

그런데 주인은 그들을 해고하지 않고 계속 후임자만 보내주었다. 참으로 지극하신 사랑이 아닌가? 정말 오래 참으시는 분이 아닌가?

상한 갈대를 꺾지 않으시고 꺼져가는 심지도 끄지 않는 분이 아니신가? 한 사람, 한 사람을 천하보다 귀히 여기시는 분이 아니신가? 이 세상에서는 정말 찾아볼 수 없는 분이 아니신가?" (2007. 2. 19)

829. 선인장 꽃

'조급하지도 않고 서두르지도 않으며 불평하지도 않는다!'

이는 예수나라 운영규정 가운데 생활수칙에 대한 내용 중 하나다.

20대 초반에 헤어진 사람들이 80대가 되어서야 비로소 전화로 상봉하는 장면이 보였다. 이쪽은 한국의 어촌이고, 저쪽은 중국의 농촌이었다.

어느 날 한국에 살던 노인들이 아예 중국으로 건너가려고 했다. 그때 나이 많고 병든 노인이 그들 중에 있었다. 다른 노인들이 그를 남겨두고 떠나려고 하자 그가 애원하였다.

"내가 중국에 가서 일을 못 할 형편이면 운전이라도 해서 도울 테니 제발 나를 데려가 다오."

어쩌면 그 병든 노인이 미래의 나 자신인지 모른다는 생각이 들었다.

계속되는 빚 독촉과 지불각서 이행 등이 나를 노심초사하게 하였다. 이런저런 스트레스를 떨쳐보려고 다짐하고 또 다짐했지만, 불과 몇 시간도 안 되어 허무하게 무너지고 말았다.

"이 무슨 기구한 팔자란 말입니까? 무슨 운명의 장난이란 말입니까? 30년이 넘도록 이놈의 지긋지긋한 빚에서 벗어나지 못하고 이토록 힘들게 살아야 한다니요?

아버지 하나님이시여! 차라리 저를 이 자리에서 데려가 주십시오! 이제는 정말 이 고통스러운 세상 속에서 더 이상 살고 싶지 않습니다.

아니면 동두천 상가 문제를 해결하여 주십시오. 이 지긋지긋한 빚에서 벗어나게 해 주십시오! 모든 것을 포기하고 한쪽 구석에 처박혀 주님만 섬기며 살겠습니다.

제발 이번 한 번만 더 도와주십시오. 그렇지 않으면 사역은 고사하고 신앙마저 지키기 어려울지 모릅니다. 제발 이번만 굽어살펴 주십시오. 제발, 제발 부탁입니다."

하면서 자동차 핸들을 내리치고 또 치면서 발버둥을 쳤다. 혈압은 오를 대로 오른 듯했고, 정말 미쳐버릴 것만 같았다. 그때 라디오에서 이런 이야기가 흘러나왔다.

"선인장을 사랑한 나머지 계속해서 물을 주게 되면 금방 썩어 죽게 됩니다. 사람도 그와 같습니다."

마치 나를 보고 하는 말처럼 들렸다.

"아, 그렇구나! 그럴 수 있어. 내게 팔자가 있다면 선인장 팔자일 수 있어. 선인장은 메마르고 척박한 땅에서 살아야지, 물이 풍족하고 기름진 땅에서는 살 수 없어. 그것이 오히려 저주인 게야. 이를 두고 선조들이 팔자라고 했는지 몰라.

그래, 내게 운명이 있다면 선인장 운명일 거야. 이를 일컬어 우리는 십자가를 진다고 하지. 속 편하게 놀고먹는 개 팔자가 좋을 수만은 없어.

어쩌면 아무 일 없이 풍요롭게 사는 것이 저주일 수 있어. 궁핍하게 사는 것이 오히려 은혜일 수 있어. 그것도 모르고 나는 아등바등 편하게 살려고 했어. 사실은 빚을 갚으려고 했지만.

아무튼, 나는 일시에 모든 빚을 갚은 적이 있었지. 하지만 죽음의 늪에 빠져 다시 이렇게 큰 빚을 졌지. 그리고 그 빚을 갚으려고 사망의 수렁에 빠져 맘몬의 노예가 되었지.

발버둥을 치면 칠수록 나는 더욱 깊은 수렁으로 빠져들었고, 빚은 죽기 살기로 버티며 늘어만 갔어. 내게 쓰디쓴 고통만 안겨다 주었어. 하지만 그 모든 것이 내가 지고 가야 할 멍에인지 몰라.

그래, 이제 모든 것을 포기하고 내려놓자. 혹시 주님께서 나를 긍휼히 여기시면, 풍요의 세상에서 찾아볼 수 없는 색다른 꽃을 피우게 하실지 몰라. 메마른 광야에서 아무도 모르게 가만히 피어나는 선인장 꽃처럼 말이야!" (2007. 2. 20)

830. 산모의 산고

그림 같기도 하고 글씨 같기도 한 것이, 하얀 종이 위에 있어 눈여겨보니 이런 내용이었다.

"나도 천국으로 가고 싶어요!"

그렇다면, 구원을 사모하는 어떤 사람이 내 도움을 필요로 하고 있다는 말이 아닌가? 그래, 내게도 하나님께서 주신 특별한 사명이 있어! 이번 동두천 상가 건으로 인해 아예 죽지는 않을 거야.

어쩌면 더 큰 하나님의 영광을 드러내기 위한 과정일 수도 있어! 우량아를 낳기 위한 산모의 산고 말이야! 기다려야 해! 기다려야 하고말고! (2007. 2. 21)

그러므로 내일 일은 걱정하지 마라. 내일 걱정은 내일에 맡겨라. 하루의 괴로움은 그날 겪는 것으로 족하다. (마태복음 6:34)

831. 안개 은혜

한 치 앞을 내다볼 수 없을 정도로 안개가 자욱했다. 비록 눈에는 보이지 않았지만, 안개가 비가 되어 대지를 촉촉이 적시고 있었다. 어쩌면 하나님께서 우리에게 안개 은혜를 주시는지 모른다는 생각이 들었다.

태양은 말할 것도 없고, 바로 코앞에 있는 아름드리나무들도 보이지 않았다. 하지만 여전히 지저귀는 새소리는 들려왔고, 무슨 일인지 알 수는 없었으나 요란하게 짖어대는 개소리도 들렸다.

어떤 분이 한 사람씩 면담을 하면서, 32절지 내지는 64절지로 보이는 작은 종이에 무엇인가 기록하는 모습이 보였다. 그분이 면담을 마치고 나오더니, 다시 보자고 하면서 떠나갔다.

이어서 다른 어떤 사람이 또 한 사람씩 이름을 부르는 모습이 보였고, 또 다른 어떤 사람은 그분이 기록한 종이를 들고 있다가, 그가 호명할 때마다 건네주었다. 그러자 그는 기록한 내용을 쭉 훑어본 후 옆에다 놓고 말했다.

"자세한 부분은 이미 다 살펴보았다. 이번에는 구원만 보았다. 아무 이상이 없어!"

그때 나는 그 광경을 시종일관 눈여겨 지켜보고 있었다. 그런데 상담한 사람들 가운데 절반쯤은 호명할 때 제외되었다. 그 이름이 불리지 않았다.

그리고 이름이 불린 순서도 상담한 순서와 관계가 없는 듯했다. 과연 내 이름도 불릴 것인가, 아니면 제외될 것인가 조마조마하게 기다렸다.

다행히 끝에서 2번째로 내 이름이 불렸다. 그분이 기록한 자료는 대부분이 두세 장쯤이었다. 그런데 유독 나만 서너 장으로 다른 사람들보다 한두 장 더 많았다. 그만큼 사연이 많은 것으로 여겨졌다.

이어서 교회당 로비에서 사람들이 오는 대로 일을 맡겼다. 첫째는 십자가를 밖으로 옮기는 것이었다. 한 자매에게 십자가를 안겨 밖으로 나가게 하였다.

자매가 십자가를 조심스럽게 안고 좁은 문을 통해 나가려고 했다. 하지만 창문이 좁아 나갈 수 없었다. 미닫이로 된 큰 현관문이 바로 옆에 있었다. 그리로 나가도록 문을 열어주었다.

"자, 이쪽으로 나가세요!"

그리고 한참 사람이 뜸해 교회당 안을 둘러보았다. 그때 두세 명의 자매가 걸어 나오고 있었다. 그들에게 책을 옮기는 일을 맡겼다. 그들이 그 자리에서 책을 펴더니 안쪽이 마주치도록 서로 포개어 쌓았다.

그때 누군가 쥐새끼 한 마리를 들고 왔다. 그러자 옆에 있던 고양이가 다짜고짜 쥐새끼의 허리를 물었다. 쥐새끼가 너무 불쌍했다. 고양이로부터 힘들게 떼어놓았다. 그러나 고양이가 다시 와서 쥐새끼를 물었다.

"도대체 이놈의 고양이와 쥐새끼는 무슨 원수라도 졌단 말이냐?" (2007. 2. 22)

832. 산뜻한 날씨

오랜만에 화창한 날씨를 보였다. 구름 한 점 없는 푸른 하늘이었다. 어느 때는 비바람이 몰아칠 때도 있었고, 눈보라가 휘몰아칠 때도 있었다.

안개가 자욱하여 한 치 앞을 내다볼 수 없을 때도 있었고, 구름이 잔뜩 끼어 낮인지 밤인지 분간할 수 없을 정도로 어두침침한 때도 있었다.

서리가 하얗게 내린 때도 있었고, 우박이 쏟아진 때도 있었다. 너무 추워서 몸서리칠 때도 있었고, 태양이 작열하여 헉헉거릴 때도 있었다.

하지만 오늘은 정말 청명했다. 오랜만에 산뜻한 날씨를 보였다. 산들산들 불어오는 실바람을 타고 봄의 전령이 더욱 가까이 다가온 듯했다.

이렇듯 다양한 날씨처럼 우리네 인생살이도 마찬가지가 아닐까? 그래서 옛사람이 말하기를, 인간만사(人間萬事) 새옹지마(塞翁之馬)라고 하지 않았을까? (2007. 2. 23)

833. 머플러

꿈속에서 예수나라 공동체 설립을 위해 분주했다. 그러다가 머플러(muffler)로 보이는 얇은 나일론이 무슨 물건에 두세 번 정도 감겨 있는 것을 보았다.

그리고 그 머플러에 '양도○○'라고 쓴 종이쪽지가 붙어있었다. 그 머플러는 사람들이 들고 가거나 메고 가기 위해 묶어놓은 끈처럼 보였다. (2007. 2. 25. 주일)

834. 하늘만 우러러

신학교 교수님이 제자들과 함께 예배당에 서 있는 모습이 보였다. 그때 나도 그들 틈에 있었다. 그런데 내 모습이 너무 이상했다. 평소와 달리 긴 머리에 산발을 하였고, 잠을 제대로 못 잔 듯 초췌하였다. 그때 교수님이 나를 보고 말했다.

"저 뒤쪽 의자에 가서 한숨 자도록 해. 어서!"

그래서 뒤로 가보니, 벽에 붙은 2개의 긴 의자가 있어 거기 누워서 쉬었다. 그리고 얼마 후 의자에 누운 채 보니, 건넛집 마당에서 그들이 식사하고 있었다.

그때 나도 시장기를 느껴 그들과 함께 음식을 먹고 싶었지만, 명분이 없었다. 그대로 누워서 보니 모두 돈가스를 먹었다.

"그래, 돈가스는 내가 별로 좋아하지 않는 음식이지. 배는 약간 고프지만 참기로 하자. 여기서 그대로 좀 더 쉬는 편이 낫겠어!"

그리고 다시 얼마의 시간이 지났다. 식사를 마친 그들이 몰려와 시끌벅적하였다. 나도 그들 틈에 있었으나 이번에는 사정이 달랐다. 내 모습이 특이하지도 않았고, 그들이 나를 따르며 치켜세우는 듯했다.

그래서 나는 이 사람 저 사람에게 떠밀리며 이것저것 물어보기도 하고 답변도 하였다. 그들 가운데 '영원무궁'이란 친구가 있어 물어보았다.

"그날이 언제지, 20일?"

"아니, 30일."

"30일? 음, 그래."

지난 3일 동안 동두천 상가를 청소했다. 다리에 물집이 잡히고 껍질이 벗겨져 퉁퉁 부었다. 여종의 팔은 알이 통통 배어 약을 사 먹고 파스를 붙였다. 목도 칼칼하여 기침을 하면 시멘트 냄새가 진동했다.

현관 출입문 위에 노란 부적과 하얀 부적이 5개나 붙어있었다. 물을 뿌려 긁어내면서 혼잣말로 중얼거렸다.

"이게 불교의 교훈은 아닐 거야. 어쩌면 석가모니의 가르침을 욕되게 하는 것인지도 모르지. 사실 부적은 한국 토속신앙으로 액을 쫓아내고 복을 달라는 미신일 뿐이야! 그런데 돌중들이 돈벌이 수단으로 삼았어."

그리고 조각하여 금가루를 입힌 달마 대사의 액자도 벽에서 내려 주방 한편에 두었다.

"천 년 동안 불교 문화권 속에서 살아온 우리 민족이 아닌가? 10원짜리 동전 속의 다보탑도 마찬가지지. 이 액자도 하나의 예술품이야. 종교적 의미를 부여해 굳이 터부시할 이유는 없어."

청소를 마치자 중개사무소에서 사람들이 다녀갔다. 한 사람은 여러 개의 상가로 나눠서 임대할 수 있을 줄 알고 왔다가 돌아갔으며, 다른 한 사람은 나를 보더니 묘한 말을 남기고 떠나갔다.

"젊은 사람이 아주 선하게 보이는구려. 앞으로 좋은 일이 꼭 있을 거요."

"예? 아, 감사합니다."

그때 1970년 5월 어느 날, 나에게 침을 뱉으며 저주하며 떠나간 돌중이 생각났다.

전 주인이 다시 전화를 걸어 만나자고 했다. 이어서 시내 중개인이 왜 돈을 안 주느냐고 하면서 역시 만나자고 했다. 사글세 계약도 연기되어 나를 더욱 힘들게 하였다.

그 외에도 몇 번의 전화가 더 왔으나 이상할 정도로 모두 나를 어렵게 했다. 멍하니 서서 하늘만 우러러보았다.

"그래, 어쩌면 이 모든 것이 사탄의 마지막 발악일 수도." (2007. 2. 26)

835. 삶과 죽음

배를 타고 항해하고 있었다. 어떤 부부가 동시에 바닷물 속으로 떨어졌다. 몸집이 가벼운 아내는 다행히 구조되었으나, 몸집이 무거운 남편은 그대로 가라앉고 말았다.

그 모습을 지켜보다가, 그를 따라 물속으로 내려가 보았다. 그때 나는 육체 없는 몸으로 어디든지 마음만 먹으면 갈 수 있었고, 멀리서도 사람들의 형편을 훤히 볼 수 있었다. 막상 물속에 들어가 보니, 여기저기 꽤 많은 시신이 있었다. 하지만 10구는 넘지 않은 것으로 보였다.

썰물로 흉흉한 바닷물이 빠지자 시신들이 밖으로 드러났다. 그런데 옆에 있던 시신 두어 구가 일어나더니, 방금 물에 빠졌던 사람도 일어나 앉았다. 그에게 다가가 등을 두드리며 물어보았다.

"참으로 다행입니다. 어떻게 다시 살아날 수 있었지요?"

"이 체구를 봐. 평소 운동을 했던 덕분이지."

그의 이름은 '주의 이름이 드러남'이었다. 그 일이 있은 후 그의 아내가 죽었다. 그가 술상을 차려놓고 밤새도록 술을 마셨다. 그때 나는 그의 죽은 아내를 바라보았다. 그런데 그의 아내 역시 죽었다가 다시 살아났다.

"아니, 어떻게 다시 살아날 수 있었지요?"

"저는 어릴 때부터 폐활량이 남다르게 좋았어요. 보통 사람과 달라요.

보세요, 아직 제게 젊음이 있잖아요?"

그리고 옆방에서 술을 마시며 밤을 새우던 남편에게 눈짓하였다. 그가 머리를 긁적이며 아내가 있는 방으로 건너오며 말했다.

"오늘은 내가 아내와 함께 사랑하는 날이거든."

그러자 그와 함께 술을 마시며 상갓집을 지키던 그 후손들이 일제히 일어나 그들 부부에게 큰절을 올렸다. 그때 그들 앞에 상이 차려져 있었다. 상갓집 상이 아니라 잔칫집 상이었다. 큰절을 받은 그들이 가볍게 목례로 받았다. (2007. 2. 27)

836. 마지막 펀치

난형난제의 복싱선수 2명이 서로 치고받는 싸움을 계속하고 있었다. 한 선수가 코너로 밀리더니 마지막 힘을 다해 원투 스트레이트를 날렸다.

그 마지막 펀치에 제대로 맞은 상대방 선수가 정신을 잃고 비실거렸다. 그도 눈을 감은 채 안간힘을 다해 주먹을 휘둘렀으나 허공만 갈랐다.

그때 때린 선수가 여유만만하게 피식피식 웃으며 맞은 선수의 주먹에 자기 얼굴을 갖다 대는 등 여유를 부렸다. 하지만 맞은 선수는 더 이상 힘을 발휘하지 못했다.

그렇게 시간이 지나 싸움은 싱겁게 끝났고 회의가 열렸다. 'ㄷ'자 형태의 회의석 가운데 주재자가 앉았으나 그는 아무 말도 하지 않았다.

나는 그의 우편에 앉았고, 내 옆과 맞은편에도 사람들이 있었다. 자리가 부족하여 미처 앉지 못한 사람들은 벽에 기대어 서 있었다. 그때 내가 사회권을 넘겨받아 서너 개의 안건 가운데 우선 하나를 처리하려고 했다.

"그러면 월요일부터 토요일까지 성경공부를 계속하도록 하겠습니다. 다른 의견을 가진 분이 계신가요?" (2007. 2. 28)

837. 고난의 잔

주룩주룩 내리는 봄비가 엊저녁부터 오늘 아침까지 계속 이어졌다. 어제는 해가 너무 밝아 감히 쳐다볼 수도 없었더니 오늘은 해 그림자조차 보이지 않았다.

"이놈의 변덕스러운 날씨는 어쩌면 이토록 내 인생을 닮았는가?"

오늘은 교회를 개척한 지 1년째 되는 날이다. 청운의 꿈을 품고 시작했으나 혹독한 훈련만 받았다. 오늘부터 다시 시작하려고 했으나 모든 것이 어려운 실정이다.

하늘 높이 솟구친 절벽 위에서 차를 몰고 있었다. 잠시 한눈을 팔았더니 차가 벼랑을 벗어나려고 했다. 가까스로 중심을 잡고 핸들을 돌렸으나 이미 오른쪽 뒷바퀴가 난간을 벗어난 상태였다.

'끄르륵 끄르륵 끄르륵….'

벼랑 끝에 걸려 스치는 바퀴 소리가 카랑카랑하게 들렸다. 하지만 다행히 차는 아래로 떨어지지 않았다. 벼랑 아래쪽은 뭉게구름만 보였으며, 그 끝이 어딘지 짐작하기도 어려웠다.

그런데 어느 순간 차가 지상으로 내려와 달리고 있었다. 정신없이 달리다 보니 바로 앞에 바다가 나타났다. 금방이라도 바닷물 속으로 들어갈 듯했다.

다행히 군데군데 징검다리 같은 바위가 있었다. 차가 껑충껑충 뛰면서 지나갔다. 차의 속력과 바위와 바위 사이의 거리 등이 기막히게 조화를 이루어 어렵사리 건너갔다.

그러자 해변의 모래톱이 이어졌다. 조금만 속도가 느려도 차가 모래 속으로 빠져 들어갈 듯했다. 전속력으로 달려 거의 모래밭을 벗어나는가 싶었다.

그때 모래 언덕이 앞을 가로막았다. 다시 한 번 속도를 내어 가까스로 언덕 위에 올라서게 되었다.

"어휴, 이제야 겨우 한숨 돌리게 되었구먼!"

하면서 돌아보니 그게 아니었다. 쭉쭉 뻗은 나무들이 사방에 빽빽이 들어차 있었다. 빠져나갈 구멍이 보이지 않았다.

"하늘이 무너져도 솟아날 구멍은 있기 마련이야!"

그리고 보니 바로 옆에 포장된 길이 둥글게 지나가고 있었다. 근래에 조성된 공원처럼 보였다.

"그래, 어떻게든 저 길로 들어가면 되는 거야!"

하면서 주변을 살펴보니, 바로 앞에 큰 산이 가로막혀 있었다. 어디에도 길은 보이지 않았다.

"아, 정말 첩첩산중이네. 갈수록 태산이야!"

그때 문득 옛 시인의 말씀이 생각났다.

'의인은 고난이 많으나 여호와께서 그 모든 고난에서 그를 건지신다.'

(시편 34:19)

"오, 주여! 제가 어차피 마실 고난의 잔이라면, 달갑게 마시며 지나갈

수 있도록 믿음을 더하여 주십시오." (2007. 3. 2)

838. 용기가 필요해

눈을 감자 차를 몰고 가는 내 모습이 보였다. 좁은 길이었다. 조금 가자 낡은 프라이드가 길 복판에 서 있었다. 운전자는 보이지 않았다. 버려진 차로 보였다. 우측은 산비탈이고 좌측은 논둑이었다. 빠져나갈 수가 없었다.

"이런, 또 진퇴양난이군!"

그때 평소 찾아볼 수 없는 용기라 할까, 아니면 분노라 할까, 아무튼 내 성격에 맞지 않는 하나의 방법이 뇌리를 스치고 지나갔다.

"그래, 먼저 우측으로 달리다가 좌측으로 핸들을 급히 돌리며 프라이드를 들이받아 논으로 밀어붙이자. 그러면 이 고철 덩어리가 논바닥으로 곤두박질칠 거야.

그래, 그뿐이야. 다른 방법이 없어. 그저 세상만사 순응만 하다가는 한 발자국도 앞으로 나아갈 수 없어. 난관이 닥칠 때 저돌적으로 밀어붙이는 용기가 필요해!"

그렇게 생각하자 정말 그대로 되었다. 프라이드가 논둑 아래로 굴러떨어져 하늘을 향해 벌렁 자빠지는 모습이 보였다. 그래서 나는 여유작작하게 차를 몰고 지나갔다.

공동체 생활을 하면서 부엌으로 들어가 보니 나뭇더미에 불이 붙어 타고 있었다.

"아니, 불이잖아! 빨리 소화기를 가져와!"

하고 소리를 지르긴 하였으나 소화기를 가져올 때까지 기다릴 여유가 없었다. 나뭇더미 속에서 이글거리며 타오르는 불길이 금세 모든 것을 삼킬 듯했다.

다급한 나머지 수도꼭지에 꽂힌 호스를 잡아당겨 물을 뿌리기 시작했다. 호스는 손가락만 하였으나 다행히 수압은 약하지 않았다. 원하는 곳까지 자유자재로 물을 뿌릴 수 있었다.

어느 정도 불길을 잡고 보니 그제야 자매가 소화기를 들고 나타났다. 그런데 정말 형편없는 고철 덩어리였다. 너덜너덜한 깡통이 하나 달린 듯했다. 흔들어보니 그마저 빈 통이었다. 혹시나 하고 핀을 뽑아 손잡이를 당겼더니 몇 번 피식피식하다가 멈춰버렸다.

"이게 뭐야, 제기랄!"

하면서 옆으로 던져버렸다. 그때 겉만 죽고 속은 살아있던 불길이 물기를 바싹 말리고 다시 이글거리며 타오르고 있었다. 서둘러 다시 물을 뿌려 불길을 잡았다.

이번에는 옆에 있던 아파트 지하실로 불길이 번졌다. 지하통로를 타고 불길이 급속히 안으로 들어갔다. 다시 물을 뿌렸다. 비록 호스는 작았으나 필요한 만큼 물줄기가 쭉쭉 뻗어 불을 끄는 데 어려움이 없었다. 멀리서부터 서서히 불길이 잡히더니 지하실 입구까지 모두 잡혔다.

그때 지하실에는 난방용 보일러 호스가 콘크리트 속에 박혀 있었고, 다른 배관과 함께 검고 두꺼운 호스도 있었다. 거기서 군데군데 하얀 김이 솟아올랐다. 겉에는 불이 붙었으나 속까지 타지는 않다. 천만다행이라는 생각이 들었다. (2007. 3. 4. 주일)

839. 성화 도래

진눈깨비가 내리더니 싸라기눈까지 뿌리기 시작했다. 수도 고장으로 물이 나오지 않았다. 이발소에 가서 머리를 깎고 감았다. 이발비가 부족하여 천 원을 빌렸다.

그리고 시내에 나가려고 하였으나 윈도우에 쌓인 눈이 얼어 녹지를 않았다. 윈도우 브러시도 얼어붙어 결국은 다시 집으로 돌아왔다.

하늘 높은 곳에서 공사가 진행되고 있었다. 너무 까마득하여 쳐다보기도 힘든 크레인에서 건축자재가 땅으로 내려왔다. 그때 나는 일꾼들 옆에서 그 일을 지켜보았다.

내 옆에 '다섯 규범'이라는 친구가 있었다. 공사현장에서 '돌산'이라는 사람이 부르자, 작업복에 군화를 신고 위로 올라가기 시작했다. 그의 군화를 보니, 미끄러지지 않도록 하얀 천을 탱탱 감고 있었다.

그때 크레인에서 자재를 받아 쌓던 '근심걱정'이 불평불만을 토로했다.

"왜 다들 놀고 있는 거야! 누구는 죽기 살기로 일하는데."

그러자 '큰 원'이 부엌 뒷문을 통해 나오더니 수심에 쌓여 말했다.

"저 사람이 우리가 놀고 있다고 불평하는데 어쩌지?"

"아무 걱정하지 마, 그저 한 귀로 듣고 한 귀로 흘려버려!"

말은 그렇게 하였으나 무엇인가 해야 한다는 생각이 들었다. 그래서 주변을 살펴보니 누가 우리 집 뒤뜰에 사과를 묻어놓았다. 바로 앞 담 밑에 5개, 그 옆에 8개가 묻혀 있었다. 그 사과를 꺼내 항아리에 담기 시작했다.

어느 새해 첫날에, 어머니와 함께 무슨 과제를 챙기고 있었다. 그때 자매 2명이 그들의 자녀로 보이는 애들을 2명씩 데리고 와서 우리에게 맡겼다.

우리 집 바깥방에는 '형통 도래'와 그의 어머니가 살았다. 그들 앞에 한 청년이 무릎을 꿇고 있었다. 무슨 큰 죄라도 지은 양 그들이 묻는 말에 고분고분 답했다.

"그러면, 청년의 이름이 무엇이란 말이요?"

'형통 도래'의 어머니가 물었다.

"'성화 도래'입니다."

"그렇다면, 그대가 정녕 내 아들 '성화 도래'란 말이요?"

"그렇습니다."

그러고 보니 그 청년의 모습이 부인과 아주 빼닮아 있었다. 특히 삐죽 튀어나온 주걱턱이 그랬다. 그것은 그 부인의 자녀들 특징이었다.

그 말을 듣고 사람들이 크게 놀랐다. 그 부인과 그의 형인 '형통 도래'는 너무 기가 막힌 듯 말을 잇지 못했다. 나도 그에 대해 어렴풋이 알고 있었다. 그래서 '성화 도래'에게 물어보았다.

"그러면 자네가 집을 나간 지 몇 해만인가?"

"그때가 1972년이었지, 아마."

"그러면 35년 만에 돌아온 셈인가?"

"그러고 보니 세월이 벌써 그렇게 되었군."

그때 소문을 듣고 동네 사람들이 몰려들기 시작했다. 그들 중에는 '거짓 계산'댁도 있었다. 그들을 보더니 자기네 집으로 가자고 했다. 그래서 사람들이 '거짓 계산'댁으로 갔다. 그녀는 그들을 이용하여 또 무엇인가 이권을 챙기려고 하였다.

한편 우리 집 안방에서는 애들 우는 소리가 들렸다. 문을 열고 들어가 보니, 두 자매가 맡긴 아이들을 씻기 위해 어머니가 분주히 움직이며 애들을 달래고 있었다. (2007. 3. 5)

예수님이 모든 사람에게 말씀하셨다. "누구든지 나를 따라오려거든, 자기를 부인하고, 날마다 제 십자가를 지고 따라야 합니다." (누가복음 9. 23)

840. 광야의 단비

며칠 동안 변덕스럽고 짓궂은 날씨가 계속 이어졌다. 그러다가 오랜만에 상쾌한 아침을 맞았다. 지난 3일간의 노동으로 컨디션도 좋지 않았지만, 일기 또한 사나워 운동을 하지 못했다.

이상할 정도로 따스한 날씨가 이어지다 갑자기 먹구름이 몰려와 음산하였고, 하루 종일 비가 주룩주룩 내리다 갑자기 눈보라가 휘몰아쳤고, 산들산들 봄바람이 불다가 느닷없이 차가운 겨울바람이 불었다.

오늘은 그리 따뜻하지도 않고 춥지도 않았다. 구름도 없고 바람도 없었다. 들판의 새싹들이 다시금 정신을 가다듬고 파릇파릇 얼굴을 내밀었다. 태양도 온기를 되찾아 환하게 타올랐다. 그때 나도 새로운 인생이 시작된다는 느낌이 들었다.

무슨 일인지 모르게 이리저리 쫓기는 도피자의 신세로 살았다. 그러다가 이미 반쯤 뱃속에 들어간 음식물을 토해내고 있었다. 힘들게 끄집어

내어 돌돌 말아 밭으로 던졌다.

그런데 그것이, 밭 옆에서 등을 돌린 채 어떤 사람과 얘기하고 있던 자매의 어깨에 떨어졌다. 그 자매는 키도 크고 어깨도 넓었다. 하지만 그 얼굴은 보이지 않았다.

"아니, 저걸 어째?"

하면서 달려가 보았더니, 자매의 윗옷 대부분이 음식물 찌꺼기로 덮여있었다. 세탁하기도 힘들 정도였다. 아예 새것으로 사주어야 했다. 그런데 자매는 아무 말이 없었다. 지긋지긋하고 더러운 내 인생이 너무 싫었다.

오늘 아침에는 정말 무엇인가 새로운 일이 있을 것 같았다. 그게 무엇일까 참으로 궁금했다. 단 하루라도 새롭게 살아보고 싶었다. 하지만 나에 대한 하나님의 저주는 끝이 없었다. 적어도 내게 대해서만은 정말 너무하신 것 같다.

왜 그러실까? 도대체 왜? 유독 내게만 왜 그럴까? 무슨 일로 그러실까? 이제 강제적으로 모든 것을 다 포기할 때가 이른 듯하다. 어떻게 하든지 빚에서 벗어나 자유롭게 살기를 원했지만, 그러면 그럴수록 더욱 나를 어렵게 하시니 대체 어찌 된 영문일까?

죽기 아니면 살기로 정말 열심히 살았으나 그 결과는 저주였다. 누가 '진인사대천명(盡人事待天命)'이라고 하였던가? 제주도 주택으로 엄청난 빚을 지게 하시더니, 다동 상가로 더욱 어렵게 하시고, 이번에는 동두천 건물로 아예 멸망시키려고 하시는가?

도대체 무엇이 못마땅하여 이미 뱃속에 들어간 음식까지 토해내게 하시는가? 정말 잔인한 하나님이 아니신가? 내 인생이 아무리 광야의 선인장과 같을지라도, 가끔은 단비를 내려주셔야 하지 않는가?

그런데 무엇 때문에? 왜, 왜! 왜? 나를 이다지도 힘들게 하신단 말인가? 내가 무슨 죄를 그리 많이 지어 평생을 빚쟁이로 살게 하신단 말인가? 내가 남들처럼 부자로 떵떵거리며 살기를 원했던가? 호의호식하며 누리기를 원했던가? 무슨 명예나 인기를 추구했던가? 빚만 갚고 주님을 위해 열심히 살아보려는 내게, 왜 이다지도 무자비하시는가 말이다.

내가 정말 밉고 밉다. 내가 아이들을 제대로 키웠던가? 가정을 잘 보살폈던가? 남들처럼 단 한 번이라도 편히 살아보았던가? 단 한 시간이라도 여유로울 때가 있었던가? 이놈의 인생은 왜 이다지도 모질단 말인가?

내가 과연 주의 종인가? 하나님께서 언제 인증서를 주셨는가? 이제라도 모든 것을 집어치우란 말인가? 대체 내게 무엇을 원하신단 말인가? 나를 이렇게 파멸시킨들 그것이 하나님께 무슨 유익이 있단 말인가?

이제 정말 모든 것을 다 포기하고 싶다. 아예 다 때려치우고 싶다. 주님의 영광을 드러낼 수 없는 주의 종이 무슨 의미가 있는가? 더 이상 살아본들 무슨 소용이 있는가? 이리 뛰고 저리 뛰어 보았지만, 날이면 날마다 시름만 더해지는 것을!

이 지긋지긋한 고난의 여행을 즐기며 살아본들 그게 무슨 대수겠는가? 어찌해야 이 무거운 짐에서 벗어날 수 있을까? 얽히고설킨 실타래 같은 난제를 어떻게 풀 수 있을까? 이놈의 원수를 어찌 갚을 수 있을까?

그런데 주님, 오늘도 그 말씀인가요? 빌어먹을!

'네가 하는 일을 여호와께 맡겨라. 그러면 네가 계획한 일이 이루어질 것이다.' (잠언 16:3)

"오, 주여! 내 주여! 나의 하나님이시여! 이 메마르고 척박한 광야에서 시들어 쓰러지기 전에, 메말라 비틀어지기 전에, 하나의 티끌이 되어 허공으로 흩날리기 전에, 주님 앞에 서서 심판을 받기 전에, 이 부족한 종에게 딱

한 번만 더 기회를 주소서. 광야의 단비를 내려주소서." (2007. 3. 6)

841. 블랙홀

공동체 예배당과 생활시설로 활용하기 위해 구입한 건물이, 기지촌 클럽으로 바람 잘 날 없는 주둔군들의 유흥업소였다. 짧은 시간에 큰돈을 벌 수 있는 매력 때문에 주먹들의 이권 개입도 잦았다. 그 거친 광야 한복판에 내가 서 있었다.

주둔군의 사교장이나 술 파는 업소 정도로 대충 생각했으나 실상은 매우 복잡하였다. 또 건물 자체가 그런 용도로 지어져 다른 용도로 전환하기도 쉽지 않았다.

전 주인이 5일간의 금식기도 끝에 하나님의 응답이라고 하면서 내게 판 건물이, 상당히 많은 문제점을 안고 있었다. 하나님의 은혜로만 알았다가 크게 실망하였다.

그들은 금식으로 애물단지를 떨쳐버렸는지 모르지만, 그에 대한 어려움이 내게 고스란히 전가되어 십자가를 질 수밖에 없었다. 조금 손해를 보더라도 다시 팔려고 하였으나 그것이 마음대로 되지 않았다.

개인워크아웃이 확정되어 빚 독촉을 받지 않자 조금 살 듯했다. 어머니가 집을 팔아 주신 돈으로 다소간의 여유도 생겼다. 예수나라 운영규정을 마무리하고 법인 통장도 개설했다.

"이제 어찌할까? 공동체 인프라를 구축할까? 우선 땅을 살까? 어떻게 해야 하나님께서 기뻐하실까?"

하면서 궁리하다가 동두천 상가를 구입했다. 광명교회에서 받은 건물 보증금과 부모님이 보태준 돈까지 몽땅 그 상가에 투입했다.

수년 전 경매로 넘어가 방치된 건물로서 단전된 전기도 복구하고, 도시가스도 설치하고, 얼어 터진 수도와 보일러도 새로 교체했다.

그렇게 주어진 돈을 다 쓰고 다시 상당한 빚을 지게 되었다. 그리고 1억 원 정도가 추가로 필요했다. 그 돈만 있으면 1층 예배당, 2층 생활시설, 3층 숙소로 훌륭하게 시설을 꾸밀 듯했다. 하지만 중개인에게 줄 돈, 속속 드러나는 추가 공사비, 법무사 비용 등을 감안할 때 도저히 방법이 없었다.

그때 어머니는 집을 팔아 4천만 원 정도를 보태주셨고, 아버지는 마지막 남은 논과 위토까지 팔았다. 내 부모님은 가진 것을 다 팔아 하나님의 영광을 드러내라고 주셨지만, 나는 그 돈을 다 빨아 삼키는 블랙홀에 빠지고 말았다.

그러나 이제 와서 어찌하겠는가? 그 모든 것이 자업자득인 것을! 십자가를 질 수밖에 도리가 없지 않은가? 이 또한 주님의 통치하에 있는 내 박복한 인생인 것을!

새벽기도를 마치고 묵상하다가, 무슨 땅을 덮는 네모난 뚜껑 5개를 보았다. 그중에서 적어도 3개 이상이 제대로 작동하지 않았다. 더 이상 무슨 조치를 할 수가 없었다.

그래서 앞으로 나아갈 수도, 뒤로 물러날 수도 없었다. 그러다가 그 모든 뚜껑이 스스로 맞춰지며 동시에 작동하기 시작했다. 그제야 나도 운신의 폭이 조금 생긴 듯했다.

그리고 다시 환상이 보였다. '불꽃 자식'과 '참 용기'라는 사람이 맛있게 음식을 먹고 있었다. 내 앞에도 보리밥 한 공기와 수저가 있었다. 하지만 나는 입맛을 잃어 그냥 쳐다보기만 했다.

그러다가 갑자기 식욕이 생겨 밥을 먹고 싶은 충동이 일어났다. 하지만 반찬이 없어 그들이 먹고 있는 식탁으로 갔다. 그들의 반찬도 오이무침뿐이었다. 그 국물을 밥에 따라 말아먹었다. 그래도 밥맛이 좋았다.

또 자리를 옮겨서, 어느 나지막한 넝쿨 옆에 앉아 일꾼들을 지켜보았다. 그때 햇볕이 따가워 넝쿨 안으로 들어갔다. 그곳은 시원하고 좋았다.

그런데 거기 있는 나뭇가지가 가시투성이였다. 조금만 움직여도 가시에 찔릴 것 같아 꼼짝달싹할 수 없었다. 그 나무는 다래 넝쿨 같았으나 가시를 보니 오가피 같았다. (2007. 3. 7)

842. 까치의 소식

어제 아침에는 화창했으나 낮에는 함박눈이 내렸고, 저녁에는 비가 내렸다. 그런데 오늘 아침에는 싸락눈이 내렸다. 마당에도, 닭장에도, 자동차 위에도, 소복소복 싸라기가 쌓여있었다.

운동을 하려고 들판에 나갔더니 서리가 하얗게 내려 있었다. 안개도 자욱했다. 한 치 앞이 보이지 않았다. 하지만 아침마다 찾아오는 까치는 변화무쌍한 날씨에도 아랑곳하지 않고, 어느 나뭇가지에 앉아 여전히 좋은 소식을 전해주었다.

아침 금식을 하다가 전일 금식으로 바꿨다. 전일 금식을 마치고 흰죽과 콩나물 된장국으로 보식을 했다. 오늘부터 다시 아침 금식으로 돌아갔다.

무슨 부동산에 대하여 어려운 과정을 거치고, 가부간에 무슨 결정이 나는 모습이 보였다. 그때 어떤 분이 서명하라고 하였다. 그런데 그분의 말씀 중에서, '펀드(fund, 자금)'인지 '판다(sale)'인지, '랜드(land, 땅)'인지 '렌드(lend, 빌려주다)'인지, 제대로 알아듣지 못했다. (2007. 3. 9)

843. 최고 경영자

어느 회사 최고 경영자와 단독으로 면담하고 있었다. 격의 없이 자연스럽게 대화를 나누던 중 그가 물었다.

"그러면 무엇을 제출할 것인가?"

미처 생각지 못해 다소 당황스러웠다. 하지만 머뭇거릴 이유가 없었다.

"제 삶의 정체성입니다."

"그렇다면…"

하면서 계속 대화를 나누었다. 그가 내 인생 여정을 나보다 더 소상히 알고 있었다. 오히려 내가 기억을 더듬으며 답변했다.

그렇게 지위가 높은 사람이 하찮은 내 인생을 어떻게 그리 자세히 알고 있는지 의아했다. 그때 그가 내 마음을 알기라도 한 듯이 말했다.

"언젠가 당신이 쓴 소책자를 보았지. 그 글을 읽고 감명을 받아 모든 직원에게 읽어보라고 권했어."

하면서 한참 더 얘기하다가 그가 화장실을 갔다. 그때 탁자 위에 놓인 메모판을 보니, 내 휴먼 스토리가 요약되어 돌아가며 기록되어 있었다.

메모판은 사각형으로 세워져 있었다.

그리고 얼마의 시간이 지나 나도 화장실을 갔다. 거기서 '새 근심의 아들'이라는 낯익은 직원을 만났다. 그가 화장실 청소를 열심히 하고 있었다.

"아니 어떻게 이 시간까지, 여기서 화장실 청소를 하고 있는 거야?"

"그렇게 되었습니다."

"무슨 사정이라도 있어?"

그러자 그가 자초지종을 얘기했다.

"제가 아내의 나이를 한문으로 쓰면서 135세라고 잘못 적었지 뭡니까? 그런데 그것을 실수로 보지 않고 가족수당을 더 받기 위해 고의로 그렇게 했다지 뭡니까? 그래서 총괄하는 사람이 '앞으로 업무보고는 다른 사람을 시켜 보내!'라고 했습니다. 그 일이 있은 후 이렇게 화장실 청소만 하게 되었습니다."

그는 한의학에 밝은 사람으로서 성격이 꼼꼼하고 소심한 편이었다. 그 성격대로 화장실 청소를 하여 영내 모든 화장실 바닥이 유리알처럼 깨끗했다. 그러자 변기 속에 흐르는 물까지 맑아 보였다. 화장실이 아니라 주방 같다는 생각이 들었다.

그리고 얼마 후, 직원 대표를 뽑는 선거가 있었다. 모든 후보가 열심히 뛰었으나 유독 한 사람만, 그야말로 이름도 없이 빛도 없이, 그저 그렇게 가만히 있는 모습이 보였다.

그런데 그가 갑자기 두각을 드러내기 시작했다. 궁금하여 보니 그가 바로 '새 근심의 아들'이었다. 그는 인기도 없고 알아주는 사람도 없었다. 그를 돕는 사람도 없고 지원자도 없었다.

그런 그의 인기가 급상승하는 원인을 살펴보니, '신실한 질과 넉넉한 양'이었다. 그가 만든 한약재도 그랬고, 화장실 청소도 마찬가지였다. 그의 성실함을 사람들이 비로소 알아주기 시작했던 것이다.

주일예배를 드리고 기도원에 올라갔다. 이번 주간에는 어떤 결정이 나야만 했다. 하나님의 뜻을 여쭤볼 필요가 있었다. 하지만 아무리 기도해도 응답이 없었다. 정작 목적한 동두천 상가에 대한 기도는 나오지 않고, 예수나라에 대한 기도만 쏟아졌다.

그러다가 기도실에서 잠깐 잠이 들었다. 순간적으로 두 줄의 문장이 보였다. 그 내용은 알 수 없었으나 한 가지 분명한 사실은, 첫째 줄 끝에 1)과 2)가 있었다는 것이다. 그래서 돌아오는 길에 여종에게 말했다.

"주님의 뜻은 알 수 없었으나 1)과 2)의 숫자는 확실히 보이더군. 먼저할 일이 있고 나중 할 일이 있다는 뜻인지?"

그러자 여종이 대답했다.

"저는 요즘 무엇이든 계속 3개가 보이더군요. 이번에는 목사님이 연탄불 3개를 피워놓고 불을 한껏 세게 했더군요. 그래서 불꽃은 이글거리며 타올랐고, 뚜껑은 벌겋게 달아올라 있었어요." (2007. 3. 11. 주일)

844. 내기 골프

여러 사람이 편을 나눠 내기 골프를 치고 있었다. 장소는 골프장이었으나 치는 방법은 게이트볼과 비슷했고, 규정은 당구와 같았다. 공도 골프공이 아니라 사과였다. 자기 사과를 쳐서 상대방 사과를 맞추는 것이었다.

고수인 '큰 원'이 칠 차례가 되어 모두 지켜보고 있었다. 그런데 맞춰야 할 사과가 기둥 뒤에 숨어 잘 보이지 않았다. 게다가 기둥 옆이 비탈져서 도저히 맞출 수가 없었다.

그때 그의 편으로 보이는 사람들이 삽과 곡괭이를 가지고 왔다. 그리고 경사진 언덕을 깎아 메우기 시작하더니 아예 평편하게 만들어 놓았다. 그러자 '큰 원'이 예리한 눈매로 주변을 살펴본 뒤 사과를 쳤다.

"맞았지?"

"아닌가?"

맞은 것 같기도 하고 아닌 것 같기도 했다. 모두 반신반의하며 서로 쳐다보았다. 그러자 '큰 원'이 스스로 판정하여 말했다.

"내가 친 사과가 기둥을 스치며 지나갈 때, 거기 있던 사과가 약간 흔들리기는 하였으나, 지반의 반동으로 그런 것이지 실제로 맞지는 않았다."

그래서 공은 다시 상대편으로 넘어갔다. 이번에 칠 선수는 '승리 권세' 였다. 그는 초보자에다 하수였다. 게다가 '큰 원'의 사과와 다른 사람의 사과가 지나가는 길을 막고 있었다. 그 통로가 너무 좁아 도저히 빠져나갈 수 없었다.

그때 정해진 사과만 맞춰야지 다른 사람의 사과를 건들면 오히려 벌점이 주어졌던바, 스스로 포기해야 할 처지였다. 필드에 여러 개의 사과가 있었다.

그런데 기상천외할 일이 생겼다. 내가 잠깐 한눈을 파는 사이, 그가 자기 사과를 쳐서 목적한 사과를 정확히 맞추었던 것이다. 그 좁은 길을 어떻게 지나갔는지 사람들은 어안이 벙벙했다. 보이지 않는 신비로운 손길이 미치지 않고서야 도저히 불가능했다. 그때 '큰 원'이 말했다.

"맞추려고 친 것이 아니지?"

그러자 '승리 권세'가 고개를 끄덕이며 머리를 숙여 인사했다. 그렇게 해서 승부는 끝이 났다. 그때 나는 기쁜 마음으로 주변 사람들에게 소리쳤다.

"승부가 났어!"

모든 선수가 골프채를 거두고 각자 돈을 받아 자리를 떴다. 그때 '승리 권세'도 돈을 받아 나와 함께 있던 '남의 영광'에게 2천 원을 건네주며 말했다.

"어떻게 해? 이 돈을 그냥 받아? 말아?"

처음에는 사양하다가 그 돈을 받은 '남의 영광'도 같은 말을 했다.

"나는 또 어떻게 해? 이 돈을?"

그래서 내가 말했다.

"다들 그대로 가지고 있어. 예비비로 말이야. 앞으로 필요할 때가 있을 거야. 그때 쓰도록 해!"

우리는 모두 유무상통하는 공동체 가족으로 보였다. 그리고 필드를 벗어나 건물 안으로 발길을 옮겼다. 그때 옆에서 시종일관 우리를 지켜보고 계신 분이 있었다.

바로 우리 아버지셨다. 아버지는 우리에 대해 그 어떤 일도 관여하지 않았다. 모든 것을 믿고 맡긴다는 표시였다. 그래서 그저 묵묵히 하는 일만 하시며 우리를 지켜보고만 계셨다. (2007. 3. 12)

845. 빈 잔의 생수

　오늘은 동두천 상가에 대해 모종의 결심을 해야 할 것 같다. 중개인은 내가 급하다는 사실을 이용하여 어떻게든 이득을 챙기려 하고, 임차인은 임대료를 내리려고 한다. 심지어 영업허가와 사업자등록까지 내 명의로 받아달라고 떼를 썼다. 그렇지 않으면 임대료를 더 내려달라고 졸랐다.

　소심한 나는 하루하루 피를 말렸다. 어쩌면 이런 일들이 자본주의 사회에서 당연할 것일 수도 있었다. 정말 이 세상은 '전(錢)의 전쟁'이었다. 모든 사람이 돈에 죽고 돈에 살았다. 슬기로운 협상이 필요했으나 나는 미련하여 양보를 미덕으로 삼았다.

　'장기 우환'이라는 주의 종이 자기를 추종하는 패거리를 동원하여 거리 마을과 개골 마을을 아예 쑥대밭으로 만들어 놓았다. 그런데 그렇게 망가진 마을을 정리, 정돈하고 청소할 책임이 내게 주어졌다. 나도 모르게 내 입에서 불평과 불만이 쏟아져 나왔다.

　"거리 마을만 하고 남의 마을은 청소하지 않겠어! 언젠가 '병적 우환'이 말하기를, '왜 남의 마을에 와서 야단이야!'라고 한 적이 있었어."

　그러자 이 말을 들은 개골 마을 어른들이 나서 말했다.

　"남의 마을이라고 하면 곤란하지. 강을 하나 건넌다고 해서 남의 마을이라 하면 섭섭하지 않나? 법적으로 한 동네인데."

　그 말을 들은 나는 머쓱해서 말을 바꾸었다.

　"사실은 그렇죠. 같은 개천 2동이지 개천 3동도 아닌데."

　"개천 3동? 허허허."

　밑도 끝도 없는 개천 3동이라는 말에 어른들이 웃었다.

그토록 애타게 기도했건만, 금식하며 매달렸건만, 기도원에 올라가 부르짖었건만, 결국은 동두천 상가 매매가 이루어지지 않았다. 오전 내내 몸과 마음이 급하여 안절부절못하며 기도하다가 점심을 먹고 나서야 체념하게 되었다.

오늘이면 된다, 내일이면 된다고 하다가 결국은 계약이 무산되었다는 통보를 받았다. 임대차도 마찬가지였다. 하나님의 승인이 떨어지지 않은 것이 분명했다.

약속된 금식 기간이 끝났다. 점심 먹고 온천으로 올라갔다. 홀가분한 마음으로 목욕할 때 애들 엄마의 전화가 왔다. 등기비용 중 1,200만 원을 우선 송금했다는 것이다. 이후 내 마음은 모든 것을 털어버린 듯 홀가분하고 편했다.

애들 엄마가 비용을 부담하여 등기하고 은행이자까지 내어주겠다니 얼마나 다행한 일인가? 하나님께서 내가 위급할 때마다 택한 사람을 불러 나를 도우셨다.

정말 메마르고 황량한 내 인생 광야에서, 하나님께서 부어주시는 빈 잔의 생수는 언제 어디서나 부어졌다. (2007. 3. 13)

846. 고독한 믿음

어디서 무슨 땅을 보러 갔다. 비스듬히 경사지고 길보다 약간 낮은 저지였다. 옆으로 하수가 흘러 그리 깨끗지 않은 하천도 있었다. 작은 도시였으나 상당히 낙후된 지역이었다.

그런데 그 땅으로 들어가는 도로가 필요 이상으로 넓었다. 'Y'자 아스팔트 도로 위에 그 지역 지적도를 확대하여 펼쳐놓은 듯, 한눈에 그 일대가 훤히 보였다. 마치 조각조각 나뉜 산간 지역의 계단식 천수답을 보는 듯했다.

그때 국유지를 담당하는 공무원의 전화가 왔다. 국가정책이라고 하면서, 그 땅을 지역민 서비스 차원에서 아주 싼 값에 한 필지씩 불하한다고 했다.

그리고 내가 불하받을 수 있는 땅을 봐준다고 하면서 지번을 알려주었다. 그래서 지적도를 살펴보니 내가 사려는 땅과 한 단지로 붙어있었다.

하지만 그 땅은 젓가락처럼 길고 좁았다. 전에 도로로 사용하다가 신도로가 개설되면서 폐도 된 것이었다. 지목 변경도 가능하다고 했지만, 그 땅만으로는 아무짝에도 쓸모가 없었다.

그러나 내가 사려는 땅과 합칠 경우는 사정이 달랐다. 전체가 80평을 넘어설 뿐만 아니라 정방형에 가까워 택지로 안성맞춤이었다. 가격도 평당 50만 원이라니 그야말로 파격적이었다.

인근의 땅값이 평당 500만 원을 상회하니 1/10에 불과했다. 탐심이 생겼다. 어떻게 하든지 그 땅을 매수하기로 마음을 먹었다.

하지만 수천만 원이나 되는 땅값을 어떻게 마련할지 전혀 감이 없었다. 아무리 생각해봐도 의심스러웠다. 그런 욕심이 어디에서 또 나오는지 나도 놀랐다.

그때 동두천 상가를 그대로 팔 것이 아니라, 도로 전면에 붙은 자투리 땅을 사서 보태라는 하나님의 계시인지 모른다는 생각이 들었다.

사실 상가 앞에 붙은 자투리땅 8평을 사게 되면, 대지가 88평으로 늘어나면서 네모 반듯하게 된다. 도로가 아니면서 도로 같은 땅을 사서 주차장이나 다른 용도로 유익하게 사용할 수 있다.

　도로변에서 3층과 4층으로 올라갈 수 있는 리프트를 설치할 수도 있다. 누가 건물을 사용하든 효율적으로 쓸 수 있다. 특히 장애인이나 노약자를 위한 시설로 활용할 경우 꼭 필요했다.

　어쩌면 이 또한 부질없는 욕심인지 모르겠다. 하지만 하나님께서 선히 여기시면 불가능은 없다. 믿음은 고독하지만, 그 고독한 믿음을 통해 하나님께서 역사하신다. (2007. 3. 14)

847. 규율반장

　2월 15일에서 2월 말일로 1차 연기했다가, 3월 15일로 2차 연기하면서, 이번에는 틀림없이 그 돈을 갚을 수 있다고 약속한 날이 다가왔다.

　그런데 그럴만한 믿음도 없이 믿음의 흉내를 내지는 않았을까? 주님의 이름을 빙자하여 호언장담했다가 주님의 영광을 가리지나 않을까? 정말 믿음은 고독한 결심이었다.

　어느 마을 공동체에 가족들이 돌아가며 규율반장을 맡고 있었다. 생활수칙에 어긋나는 일을 하다가 적발되면 누구나 벌점을 받았다. 규율반장을 맡은 사람은 그날그날 가족들의 동태를 살펴야 했다.

　그러다 보니 규율반장은 당연히 다른 일을 할 처지가 아니었다. 하지만 규율반장을 맡은 사람을 보니, 가족들의 감시에는 신경도 쓰지 않고 자기 일에만 전념하고 있었다.

"저런, 규율반장을 맡은 사람이 스스로 규율을 지키지 않잖아? 저러니 어찌 규율이 바로 설 수 있겠는가?"

그런데 다음 날이었다. 길 건너편에서 그 마을을 바라보니 이게 어찌 된 일인가? 그동안 폐가로 있던 집이 깨끗이 수리되고 단장되어 있었다. 난무한 풀들도 찾아볼 수 없었다. 주변의 길까지 산뜻했다.

그 집은 2층 주택으로 군데군데 구멍이 뚫린 낡은 판잣집이었다. 하지만 예전의 폐가가 아니라 낭만과 서정이 깃든 서구풍의 집으로 바뀌어 있었다. 그러고 보니 규율반장이 가족들의 감시는 뒤로하고 밤새도록 그 집을 손보았던 것이다.

"저기 뚫어진 구멍을 판자로 메우고 하얀 페인트칠만 하면 다른 집들에 비해 조금도 손색이 없겠어!"

얼마 후 그 집 실내에서 도배하고 있었다. 천정이 높아 몇 사람이 계단 식으로 서서 일했다. 나는 맨 아래쪽에서 비료 포대를 뜯어 도배지 대신 옆 사람에게 전달했다. 그러자 옆 사람이 풀칠하여 '기도 실현'에게 주었다. 그는 의자 위에 올라가 붙이는 일을 했다.

그때 비료 포대 속에 다소간의 비료가 남아있는 것을 보고 한쪽에 털어 모았다. 그러다 보니 실내와 바깥에 약간의 비료가 쌓였다.

일을 마치고 일군들이 그 비료를 조금씩 나눠 가지고 갔다. 화초에 주기 위해서였다. '기도 실현'이 비료를 가질 우선권이 있었으나, 그는 한 움큼만 쥐는 둥 마는 둥 하고 다른 일군들이 가져가도록 배려하였다.

(2007. 3. 15)

848. 승리의 빛

마치 깎아 세우기라도 한 듯이 가파르고 높은 산기슭에, 통나무가 이리저리 나뒹굴고 있었다. 나는 처음이 아니라 그곳을 몇 번째 지나가고 있었다. 처음에는 보이지 않던 인분이 곳곳에 널려 있었다.

그동안 구조물도 많이 낡아 조심스러웠다. 곡예를 하듯 장애물 사이를 요리조리 빠져나갔다. 그때 잠시 쉴만한 곳이 보였다. 산 정상 바로 아래 있는 절벽이었다.

이미 많은 사람이 그곳에 옹기종기 모여 있었다. 내가 잘 아는 '만사 좋아'라는 친구도 있었다. 그런데 그가 가지고 있는 구슬을 내가 건들었는지, 아니면 그가 실수로 떨어뜨렸는지 모르지만, 아무튼 그 구슬이 땅에 떨어져 빠른 속도로 굴러갔다.

그런데 그 구슬이 무슨 힘에 의해 튕기듯이 이리저리 돌아다니기 시작했다. 그러자 그가 절벽 아래로 떨어지기 전에 잡으려고 구슬이 굴러가는 곳마다 정신없이 쫓아다녔다.

그때 한쪽에서 공기놀이를 하던 아이들이 그 구슬을 잡아 건네주었다. '만사 좋아'가 받아 요리조리 살펴보았다. 안타깝게도 한쪽 귀퉁이가 깨어져 있었다.

빠른 속도로 이리저리 구르다가 어디선가 부딪혀 모서리가 약간 떨어져 나간 듯했다. 그를 뒤로하고 나는 산꼭대기를 향해 발길을 옮겼다. 그 위에 '승리의 빛'이 있었기 때문이다. (2007. 3. 16)

849. 눈물의 씨앗

새벽예배를 드릴 시간이 가까워 잠에서 깨어났다. 그때 순간적으로 한 간판이 보였다. '고통스러운 부자 끝'이라는 중개사무소였다. 그런데 그 간판의 의미는 나 자신을 빼고 이해할 수 없었다.

그 사무소는 '숲이 있는 내 처소'와 '21세기 부동산컨설팅' 중간쯤에 있었다. 그리고 무엇을 하다가 보니, 내 성경책 위에 골판지 상자가 하나 얹혀 있었다.

새벽부터 빚을 갚으라는 독촉 전화를 받았다. 세상에 스트레스받지 않는 일이 어디 있겠는가마는, 내가 싸질러놓은 빚을 어찌 갚지 않을 수 있겠는가? 하지만 갚지 못할 형편이니, 어찌 스트레스를 받지 않을 수 있겠는가?

내 눈에서 피눈물이 흘러나온들 그것이 무슨 대수겠는가? 위축되어 일어날 기력조차 없다고 한들, 이 자리에서 그대로 고꾸라져 죽는다고 한들, 내가 뿌린 눈물의 씨앗을 어찌 마다할 수 있겠는가? 금식 기간이라 약을 먹지 않으려고 했지만 더 이상 어쩔 수가 없었다. (2007. 3. 18. 주일)

850. 자승자박

도시가스가 공급된다고 하자 온 마을이 술렁거렸다. 하지만 불과 얼마 안 되어 예산 부족으로 공사가 중지된다고 했다. 그래서 사람들이 크게 실망하였다. 나 또한 거기 살고 있었던바 안타까운 마음이었다.

그리고 공사현장을 둘러보았다. '세상 규범'이라는 친구가 가스관 꼭지에 호스를 연결해 임시로 사용하도록 만들어 놓았다. 불법으로 설치한 것이라 당연히 요금도 내지 않았다. 그가 자랑스럽게 말했다.

"개 잡아 보신탕 끓일 때 아주 유용할 거야!"

그때 수도꼭지 3개를 틀어놓은 것이 보였다. 그래서 내가 물이 넘쳐 낭비되지도 않고, 물이 부족하지도 않고, 물소리가 나지도 않게 적당히 조절하여 놓았다.

얼마 후 수도꼭지가 잠기도록 물이 가득 받아졌다. 그때 '세상 규범'이 오더니 수도꼭지를 이리저리 돌리며 다시 맞추었다.

"저런, 이미 다 맞춰놓은 것을!"

어느 지하통로를 지나다 보니 앞이 꽉 막혀 있었다. 막다른 골목이었다. 그때 어린아이를 업은 한 자매가 뒤따라왔다. 다행히 벽으로 기어 올라갈 공간이 있었다. 하지만 짐을 지거나 아이를 업고는 올라갈 수 없었다. 길이 가파른 데다 밖으로 빠져나갈 틈이 좁았기 때문이다.

우선 내가 먼저 올라가 자매를 잡아주려고 했다. 가까스로 올라가 자매를 도와주려고 하였더니, 아래쪽에 아무도 보이지 않았다. 어느새 올라왔는지 내 바로 옆에 그 자매가 있었다.

"아니, 어떻게 올라왔어요?"

"몇 발짝 뒤로 물러섰더니, 바로 옆에 문이 있지 않겠어요? 그 문을 열어보니 바로 여기였어요."

그때 내 모습을 보니, 언제 그랬는지 내 아랫도리가 벗겨져 있었다. 자매가 민망해하는 것을 보고, 이불보를 끌어다가 부끄러운 곳을 가렸다.

851. 무심한 세월

금식하면서 위궤양이 악화한 듯 하혈한 지 1주일이 되었다. 힘이 없고 노곤한 것이 다 이유가 있었다. 얼굴이 퉁퉁 부은 것이나, 아침에 자고 나면 속이 더부룩한 것도, 위장에서 피가 나와 배 속을 채운 것으로 보였다. 금식 기간이라 약을 먹지 않으려고 했지만, 오늘은 달리 방법이 없었다.

선교회 이사회에 참석했다가 오후에 아버지가 입원한 병원으로 갔다. 검사를 마치고 얼마 지나서 의사가 병실로 오더니 나를 따로 불러 보자고 했다. 그래서 따라갔더니 심장에서 들려서는 안 되는 소리가 들려 검사한 결과, 감염성 심내막염이 의심된다고 했다.

그리고 내일 식도심장초음파검사를 해본 뒤 심장판막 수술을 해야 한다고 했다. 수술을 하지 않을 경우 호흡곤란 등으로 목숨이 위험할 수 있다고 했다. 그때 아버지는 마치 어린아이처럼 치근거렸다. 눈시울이 뜨거웠다.

"몇 개월이나 더 산다고 하더냐? 한 달이냐, 두 달이냐? 논 하나 남은 것 네 앞으로 이전해 주마. 내 이대로 죽으면 그것도 복잡해. 50만 원이면 되겠지. 내가 내려가서 즉시 하도록 하마."

아버지가 말한 그 논은 할아버지와 할머니 산소 벌초를 위해 남겨둔 위토로 가격이 500만 원쯤 되었다. 그리고 얼마 후 실제로 그 땅을 팔았다. 그래서 아버지는 무소유가 되었다.

　비록 내 아버지였지만, 그리스도인으로 성장하지 못한 사람들이 죽음을 목전에 두고 두려워하는 모습을 그대로 보았다. 정말 안타까웠다.

　"내가 진작 아버지를 전도했더라면."

　너무 아쉬웠다. 세월이 정말 빠르다는 느낌이 들었다. 아버지는 영양에서 울진 임 씨 25세 마지막 세대다. 아버지가 돌아가시면 26세가 남는다. 형님들도 거의 다 돌아가신 터라 내가 우리 가문의 어른이 된다. 아직도 여전히 30대 초반 같은 내가 말이다. (2007. 3. 20)

852. 직분과 신분

　이른 새벽에 일어나 예배드리고 다시 자리에 누웠다. 지난밤 3시가 넘어 자리에 들었으나 잠이 오질 않았다. 그때 누군가 내게 종이 한 장을 내밀며 말했다.

　"확실히 써라! 세무사냐, 중개사냐, 법무사냐, 주의 종이냐?"

　그 종이를 보니 무슨 신분증 같기도 하고, 임명장 같기도 했다. 하지만 분명치 않았다. 그 아래쪽에 내 이름이 있고 옆에 공란이 있었다. 거기다 확실히 사인을 하라고 재촉했다.

　그때 나는 내가 지금 겪고 있는 일련의 일들이 생각났다. 그리고 날마다 노심초사하고 안절부절못하며, 이 사람 저 사람에게 애걸복걸하다가 스스로 불평불만을 터뜨리며, 그야말로 비굴하기도 하고, 안타깝기도 하고, 가엽기도 한 내 모습이 눈앞에 아른거렸다.

"아, 내가 그동안 내 신분과 직분을 망각하고 있었구나! 사탄의 하수를 의지하고 하나님을 떠나 살았구나! 그래, 이것은 내 참모습이 아니야, 정말 아니야! 아니야!"

그때 나도 모르게 소리를 질렀다.

"목사요!"

그리고 즉시 '목사'라고 크게 썼다. 그러고 보니 실제로 내가 손가락으로 '목사'라고 쓰고 있었다. 그러자 조용한 가운데 주님의 음성이 들려왔다.

"목사는 목사일 뿐이지." (2007. 3. 20)

853. 양보의 영성

끝없이 낭패를 당하고 손해를 보면서도, 뻔히 알고 속으며 양보하기를 반복하며 살았다. 하지만 그 모든 것이 하나님의 통치하에 있고, 이 부족한 종을 바로 세우기 위해 교육시키고 훈련시키는 과정이라는 사실을 알았다. 그래서 오늘 새벽에도 주님의 이름으로 감사를 드렸다.

동두천 상가 대출금 3억 원의 승계가 되지 않아 교회로 이전한 등기를 취소하고, 애들 엄마 명의로 다시 이전하게 되었다. 그러자 시청에서 등록세와 취득세를 2번 내야 한다고 고지서를 보냈다.

그리고 상가 옆 슈퍼 주인의 공갈과 협박에 못 이겨 2번에 걸쳐 돈을 빌려주었으나, 그는 이 핑계 저 핑계를 대며 갚을 생각도 하지 않았다. 뻔히 보이는 거짓말과 속임수로 계속 나를 힘들게 했다.

게다가 시내 중개인이 사람을 보내면 매매가 되지 못하게 훼방한다는 말까지 들렸다. 내가 너무 약한 모습을 보인 탓일까? 목사라고 이용하는 것일까? 아니면 그가 사탄의 하수라서 그럴까? 비정한 세상에 치가 떨렸다.

또 임차인과 입을 맞춰 수시로 말을 바꾸며 사사건건 트집을 잡아 어렵게 했다. 정말 대단한 피조물이었다. 살벌하다는 생각마저 들었다. 말을 붙이기도 무서웠다. 정말 대책이 없었다.

그러다가 보증금 없이 월 200만 원 사글세로 계약하고 열쇠를 넘겨주었다. 청소할 때 분명히 있던 앰프가 없어졌다고 하면서 100만 원을 요구하였다. 스피커도 비용이 들면 알려준다고 했다.

그리고 오래전에 사망한 전 영업자의 외상값 170만 원, 협회 등록비 100만 원, 기타 소모품 비용 30만 원을 공제했다. 면세 주류 구매를 위한 비용 120만 원과 영업 허가를 내면 의료보험이 올라간다고 30만 원을 요구하여 그것도 부담했다.

또 4월부터 9월까지 6개월간 계약했으나 한 달만 더 봐달라고 하여 10월까지 해주었다. 약속한 보증금 500만 원도 없다고 하여 면제해 주었다.

음향기기와 네온사인, 조명시설, 제빙기 등도 수리비가 들면 부담하라고 하였다. 그 외에도 바뀐 소방법에 따라 비상구 공사를 추가로 했고, 물이 새서 보일러 공사를 다시 했으며, 아울러 도배도 새로 했다. 그러자 6개월분 사글세 1,200만 원은 흔적도 없이 사라지고 말았다.

그러나 나는 아무것도 할 수가 없었다. 도살장에 끌려가는 양처럼 다투지도 않고 따지지도 못했다. 거역할 힘이 없었다. 무조건 다 양보하고 들어주었다. 그런데 끝이 없다는 생각이 들었다. 하나님만 믿고 의지할 수밖에 다른 도리가 없었다.

그들은 건강한 청년들로서 유도선수나 씨름선수 같았다. 한 사람은 그런대로 양심적이고 순리대로 하였으나, 그럴수록 다른 한 사람은 더욱

억지를 부렸다.

실로 그들은 돈에 목숨을 건 것처럼 보였다. 눈은 날카롭게 빛이 났고 체구는 상당히 컸다. 머리는 감지 않고 항상 덥수룩한 모습으로 다녔다. 그러나 만날 때마다, 통화할 때마다 입버릇처럼 정의를 부르짖었다.

"이제 우리는 한 식구입니다. 우리 젊은 놈들이 삼촌뻘 되는 분을 속이겠습니까? 저희들을 믿고 맡겨주십시오. 우리가 이렇게 보여도 이곳에서 3번째 손가락 안에 들어가는 놈들입니다. 저희들이 확실하게 이 건물을 살려드리겠습니다. 모든 것을 속이지 않고 양심껏 하겠습니다. 저희들만 믿고 화끈하게 밀어주십시오."

어느 날 그들이 몸에 새긴 문신을 보여주면서 다시 말했다.

"저희들이 조폭이나 범죄자처럼 보이지만, 사실은 전과 하나 없는 깨끗한 놈들입니다. 우리는 불알친구로서 군에서 제대한 후 서로 의지하며 생사고락을 함께하고 있습니다. 저희들에게 모든 것을 맡겨주십시오. 이제부터 저희들도 양심껏 살기로 했습니다."

그러면서 옆집 슈퍼 주인의 행태를 속속들이 얘기하며 사람이 그렇게 살면 안 된다고 하였다. 그때 불현듯 이런 생각이 들었다.

'우리에게 여건이 된다면, 이 청년들을 우리 공동체 일꾼으로 삼았으면 좋겠구나. 이들이 하나님을 섬기는 일꾼이 된다면 하나님께서 얼마나 기뻐하실까?' (2007. 3. 22)

854. 세상 속으로

신학교 목사님이 건물을 구입하여 수리하는 모습이 보였다. 인부들이 긴 형광등을 들고 연이어 건물 안으로 들어가고 있었다.

그들을 따라 들어가 보니 성도들이 둘러앉아 기도하고 있었다. 맨 위층으로 올라갔다. 계단 옆으로 이쪽 벽과 저쪽 벽을 연결해 그물망을 쳐 놓았다. 회의실인가 싶어 눈여겨보았더니 침실이었다.

그리고 나도 그들과 함께 기도했다. 한 아이가 내 팔에 안겨 자고 있었다. 떠날 시간이 되어 아이를 자매에게 건네주려고 하였더니, 앞에 있는 사람에게 맡기라고 고개를 끄덕였다.

어떤 사람이 작은 탁자를 앞에 두고 기도하고 있었다. 탁자 위에 성경이 있었으나 시멘트 기둥에 빛이 가려 잘 보이지 않았다. 어쩌면 그도 주의 종으로서 성경 연구와 기도에 전념하는 듯했다. 하지만 오랫동안 응답을 받지 못한 것으로 보였다.

그에게 아이를 넘기려고 하였더니, 아이가 잠에서 깨어나 스스로 가서 안겼다. 그러나 그는 아무 말이 없었다. 주변이 어두워 그 모습도 볼 수 없었다. 그들을 뒤로하고 홀가분하게 밖으로 나왔다.

그리고 얼마 후 시내 찻집에서 신학교 목사님을 만났다. 그가 시원하다는 듯이 말했다.

"포천 땅과 아주 바꿔버렸어!"

"그러면 신학교는 어떻게 하고요?"

"다 집어치워 버렸어. 아주 깨끗이!"

"그래요?"

"공항에서 집사람과 만나기로 했어."

"제 상가도 좀 알아봐 주시지 그랬어요?"

"그렇지 않아도 아침에 전화했더니 받지 않더군."

그때 일어나 보니 꿈이었다. 아직도 내가 하나님께 모든 것을 맡기지 않고, 사람을 의지하는 게 아닌가 싶어 입맛이 씁쓸했다. (2007. 3. 23)

855. 보험사 이벤트

나와 무관한 일을 하다가, 우연히 무슨 보험을 접하게 되어 어떤 사람에게 소개했다. 그러자 소개자와 계약자, 피보험자가 모두 횡재하게 되었다. 무슨 복권에 당첨된 듯했다.

"세상에! 오래 살다가 보니 이런 일도 있어!"

'서양 학문 성취' 단장을 중심으로 하이킹을 준비하고 있었다. 그런데 단원 중 한 사람이 자전거를 수리하여 잠시 지체되었다. 얼마 후 수리가 끝나 출발하려고 했다.

그때 예기치 않은 돌발사태가 생겼다. 내 자전거의 브레이크가 스스로 잡히는 것이었다. 그냥 끌고 갈 때는 아무 이상이 없다가 올라타기만 하면 브레이크가 잡혔다. 브레이크 고장인지, 무엇에 눌려서 닿는 것인지 알 수 없었으나, 아무튼 뒷바퀴가 굴러가지 않았다.

그래서 애간장을 태울 때, '서양 학문 성취'가 손을 높이 들고 소리쳤다.

"그럼, 다음에 봐!"

"예, 잘 다녀오십시오!"

그리고 자전거 가게에 들렀더니, 수리공이 너무 바빠 정신이 없었다. 맞은편 가게로 갔더니, 기사가 다른 자전거 수리를 막 끝내고 점심을 먹으러 나가려고 했다.

그를 붙잡아 자초지종을 설명하며 고쳐달라고 하였더니, 뒷바퀴 가운데 설치된 브레이크 속에서 작고 동그란 새끼 브레이크를 꺼내주었다.

그때 이미 떠난 것으로 알았던 '서양 학문 성취'가 계단을 걸어서 올라오는 모습이 보였다. '선한 공경' 보좌관과 다른 단원들도 뒤따라오고 있었다.

"아니, 아직도 출발하지 않았습니까?"

"음, 사정이 좀 생겨서."

그리고 옆을 보니, 보험사에서 또 다른 이벤트를 하고 있었다. 개에게 홍보 띠를 묶어 얼음판 위로 떠나보내는 것이었다. 그곳은 큰 호수 같기도 하고 바다 같기도 했다. 물이 꽁꽁 얼어 꺼질 염려는 없었으나, 그 끝이 어딘지 보이지 않았다.

그 개가 어딘가 도착할 때, 홍보 띠를 풀어주는 사람에게 큰 상을 주는 것이었다. 사람들이 지켜보는 가운데 개가 망망한 얼음판을 한 발자국씩 천천히 걸어갔다. 그러다가 어느 순간 보이지 않았다.

그런데 얼마 후에 보니, 그 개가 내가 서 있는 얼음판 위로 되돌아오는 것이 아닌가? 잘못 본 게 아닌가 싶어 고개를 흔들고 다시 보았으나 엄연한 사실이었다. 정말 그 개가 내게 다가왔다. 그리고 내 눈치를 살폈다.

"황구야!"

그러자 개가 안도한 듯 내 앞으로 다가와 꼬리를 흔들었다. 개의 눈높이에 맞춰 쪼그리고 앉았더니 더욱 가까이 다가와 앞발을 내밀었다. 그

발을 잡아주고 등을 쓰다듬어 주었다. 개가 온몸을 흔들며 애정을 표시했다. 우리는 오랫동안 함께 살아온 가족처럼 느껴졌다. (2007. 3. 26)

856. 세상의 법

'바르고 정직한 주의 종'이 네모 반듯한 교회당을 건축하고 있었다. 그는 나와 비슷한 연배였지만 신앙적 스승이나 다름이 없었다. 그를 시샘할 이유가 전혀 없었다. 그런데 나는 특별한 사유도 없이, 그 교회당을 못마땅하게 여겼다.

어느 날 그 교회에 무엇인가 갖다 주었다. 그로 인해 무슨 일이 일어나지 않을까 노심초사하며 지냈다. 그때 어떤 사람이 산 중턱에 서서 그 교회당을 유심히 지켜보고 있었다.

아닌 게 아니라 그 교회당에 심각한 일이 일어나고 있었다. 교회당이 순식간에 사나운 불길에 휩싸였다. 네모 반듯한 건물이 뚜껑 열린 용광로처럼 시뻘건 불길을 뿜어냈다.

교회당 안에 있는 것을 깡그리 태워버린 듯했다. 그러다가 잠시 수그러들더니 다시 불길이 솟구쳤다. 그리고 얼마의 시간이 지나자 불길이 잦아들었다.

"혹시 사람은 죽지 않았을까? 그 목사님은 무사하실까?"

그 일이 있은 후, 나는 늘 죄책감에 시달리며 도망자 신세로 살았다. 어느 날 수양버들이 휘휘 늘어진 어느 호수 주변을 거닐다가, '서쪽의 바른 기둥'이라는 사람을 만났다. 그가 느닷없이 이런 말을 하여 나를 깜짝 놀라게 했다.

"그래서 그 돈을 내지 않겠다고 한 거야?"

하지만 그 말이 교회당 화재에 대한 것이 아니었다. 동두천시가 취득세와 등록세를 다시 부과한 데 불복하여, 행정소송을 제기한 것을 두고 한 말이었다. 그래서 내가 말했다.

"사람이 만든 세상의 법이 어찌 하나님의 법을 이길 수 있겠는가?"

(2007. 3. 27)

857. 미련한 신자

하나의 과제를 수행하려고, 서너 명이 한 팀을 이루어 목적지를 향해 걸어가고 있었다. 처음에는 모든 것이 순탄하고 가는 길도 평탄하였다.

그런데 얼마쯤 가다가 보니 길이 끊어지고 보이지 않았다. 우리는 각자 책임을 분담할 수밖에 없었다. 누가 시키지 않아도 자연스럽게 일이 나뉘었다.

나는 맨 뒤에 가면서 마무리하는 일을 맡았다. 앞장선 사람은 낚싯대 같은 것을 들고 방향을 잡으며 뒷걸음질로 나아갔고, 중간에 선 사람은 온갖 짐을 들고 옆으로 걸어갔다.

그때 나는 낚싯줄을 잡아주며 그들을 따라갔다. 낚싯바늘이 나뭇가지나 바위틈에 걸리지 않도록 그곳에만 집중할 수밖에 없었다.

그렇게 노심초사하며 바위산을 올라갔으나 특별한 어려움이 없었다. 비탈진 바위에서도 발은 미끄러지지 않았고, 어디에서도 낚싯바늘은 걸리지 않았다.

그런 난코스를 몇 번 지나서 우리는 큰 바위에 올라서게 되었다. 그곳에 2개의 길이 있었다. 윗길은 좁고 아랫길은 넓었다.

"그래, 바로 이 길이야! 이쪽으로 얼마쯤 가면 찻길이 나와. 윗길과 아랫길이 얼마 안 가서 만나게 돼. 아무 길로 가도 상관이 없어!"

얼마 후 우리는 바위산을 벗어나 어느 평지에 이르렀다. 역시 찻길이 있었다. 거의 목적지에 다다른 듯했다. 하지만 그곳은 인적이 드물고 먹을 것이 없었다. 우리는 두 팀으로 나누어 한 팀은 음식을 구하러 가고, 다른 한 팀은 거기 남기로 했다. 나는 남는 팀에 있었다.

하지만 시간이 지나도 그들은 돌아오지 않았다. 점점 초조해지기 시작했다. 급기야 오만가지 생각이 다 떠올랐다. 우리는 기도할 생각은 하지 않고, 눈앞에 닥친 현상만 바라보고 있었다.

"우리가 여기서 쓰러지면 어차피 죽을 터! 그렇다면 찻길 복판에 가서 쓰러지는 편이 낫지 않을까? 혹시 무슨 차가 지나가다가 우리를 발견하게 되면, 우리는 극적으로 구조될 수도 있을 테니 말이야.

그러나 차가 우리를 발견하지 못하고 그냥 지나치게 되면, 우리는 그 자리에서 오징어포가 되겠지. 우리가 어차피 죽을 운명이라면, 이래 죽으나 저래 죽으나 그게 무슨 대수겠는가? 그래도 실낱같은 희망은 걸어봐야지." (2007. 3. 28)

858. 조촐한 다과회

'바르고 정직한 종'의 설교에 이어서 조촐한 다과회가 열렸다. 그때 나는 사역을 위해 어디론가 떠날 예정이었다. 그래서 그 종을 찾아가 인사하게 되었다.

그가 나를 보더니, 이 병 저 병에 조금씩 남은 사이다를 모아 조개껍데기에 따라주었다. 의아했으나 감사함으로 받아마셨다. 나를 위한 마지막 격려로 보였기 때문이다.

그때 어떤 건물 주인으로 보이는 자매가 정화조 설치에 따른 비용을 협의하기 위해 그 자리에 있었다. 그러다가 갑자기 바쁜 일이 생긴 듯, 다짜고짜 이렇게 말하고 총총걸음으로 자리를 떠났다.

"비용을 뽑아 알려주시면 바로 송금해 드리겠습니다."

그런데 그 자매가 임대할 건물이, 내가 임차하여 사역할 교회당으로 보였다. 그래서 그 또한 감사했다. (2007. 3. 30)

- 이어서 『예스 6, 영성의 바다』가 이어집니다. -

찾/아/보/기

734. 가금류 736. 가운 757. 개나리 785. 개명 824. 거듭난 새것 781. 건축공사 773. 검정고무신 750. 계시 747. 계약(1) 837. 고난의 잔 846. 고독한 믿음 840. 광야의 단비 769. 광야의 싹 740. 곱살 778. 교단과 직분 742. 군고구마 847. 규율반장 828. 그래프 816. 기도대장 808. 기막힌 연기 756. 기운 802. 깊은 발자국 842. 까치의 소식

844. 내기 골프 849. 눈물의 씨앗

797. 돈벌레

752. 로고

821. 마귀의 덫 836. 마지막 펀치 823. 맘몬의 노예 825. 맘몬의 우상 833. 머플러 732. 목적지 851. 무심한 세월 723. 묵은 밭 857. 미련한 신자

803. 반석을 위해 739. 밤 782. 백의천사 818. 병든 돈 855. 보험사 이벤트 788. 복음 전파 755. 복 줄 나무 792. 불안과 초조 827. 불행의 근원 841. 블랙홀 845. 빈 잔의 생수 737. 빵 758. 뿔

832. 산뜻한 날씨 830. 산모의 산고 835. 삶과 죽음 776. 새 나라 760. 새 살 810. 생각의 함정 829. 선인장 꽃 811. 선조의 무덤 763. 설교자 727. 성경 가방 775. 성령의 단비 771. 성탄절 839. 성화 도래 854. 세상 속으로 856. 세상의 법 789. 세 얼굴 743. 세탁물 724. 소라 746. 손(1) 765. 수문 791. 순례자 790. 스토커 848. 승리의 빛 749. 승부수 738. 시유지 806. 시험하는 자 753. 쌀밥과 쌀떡 826. 쓰디쓴 잔

에스 1,

휴먼 드라마

제1편 **인간 이야기**

제2편 **모정의 세월**

제3편 **숙고의 시간**

예스 2,

소망의 불씨

제6편 새로운 시작

제7편 **죄인의 초대**

제8편 **소망의 불씨**

제9편 쇠잔한 영혼

제10편 절망을 딛고

예스 3,

밀알의 소명

제11편 **끝없는 시련**

제12편 **길은 어디에**

제13편 도피성 예수

제14편 밀알의 소명

제15편 눈물의 기도

제18편 **바람의 언덕**

제19편 **시련의 축제**

제20편 **사랑과 용서**